LIVRE DE CUISINE DU RÉGIME SIRTFOOD

100 DÉLICIEUSES RECETTES SIRTFOOD POUR VOUS AIDER À PERDRE DU POIDS EFFICACEMENT, À RESTER EN FORME ET À RESTER MINCE TOUTE VOTRE VIE.

MIREIO BLANCHAR

Tous les droits sont réservés.

Avertissement

Les informations contenues dans cet eBook sont destinées à servir de collection complète de stratégies sur lesquelles l'auteur de cet eBook a effectué des recherches. Les résumés, stratégies, trucs et astuces ne sont recommandés que par l'auteur, et la lecture de cet eBook ne garantit pas que ses résultats refléteront exactement les résultats de l'auteur. L'auteur de l'eBook a fait tous les efforts raisonnables pour fournir des informations actuelles et précises aux lecteurs de l'eBook. L'auteur et ses associés ne sauraient être tenus responsables des erreurs ou omissions involontaires qui pourraient être constatées. Le contenu de l'eBook peut inclure des informations provenant de tiers. Les documents de tiers comprennent les opinions exprimées par leurs propriétaires. En tant que tel, l'auteur de l'eBook n'assume aucune responsabilité pour tout matériel ou opinion de tiers.

L'eBook est protégé par copyright © 2022 avec tous droits réservés. Il est illégal de redistribuer, copier ou créer des travaux dérivés de cet eBook en tout ou en partie. Aucune partie de ce rapport ne peut être reproduite ou retransmise sous quelque forme que ce soit sans l'autorisation écrite expresse et signée de l'auteur.

TABLE DES MATIÈRES

TABLE DES MATIÈRES 3

INTRODUCTION 6

DÉJEUNER 8

1. Omelette au saumon fumé 9
2. Pancakes aux Pommes à la Compote de Cassis 11
3. Sirt Muesli 14
4. Oeufs brouillés aux champignons SirtFood 16

COLLATIONS ET ENTRÉES 33

10. Bouchées Sirtfood 34
11. Brochettes de salade grecque 37

PLAT PRINCIPAL 40

12. Nouilles De Sarrasin Au Poulet Kale et Vinaigrette au miso 41
13. Sauté de crevettes asiatiques aux nouilles de sarrasin 45
14. Potée asiatique parfumée 50
15. Tajine d'agneau, courge musquée et dattes 53
16. Crevette Arrabbiata 57
17. Saumon au four au curcuma 60
18. Pommes de terre au four avec ragoût de pois chiches épicés 63
19. Dhal de chou frisé et d'oignon rouge au sarrasin 67
20. Boeuf Grillé Au Jus De Vin Rouge 70
21. Curry De Kale, Edamame Et Tofu 74
22. Poitrine de poulet aromatique avec chou frisé, oignon rouge et salsa 77
23. Sirt Food Morue marinée au miso avec légumes verts sautés 80
24. Porc à la chinoise avec Pak Choi 83
25. Ragoût de haricots à la toscane 86

SALADES 121

36. Poulet au curcuma et Salade de chou frisé avec vinaigrette au miel et à la lime 122
37. Salade de saumon au four avec vinaigrette crémeuse à la menthe 126

38. Granola aux pépites de chocolat.. 129
39. Salade de pâtes au sarrasin... 132
40. Salade de poulet du couronnement 134
41. Salade de fruits Sirt.. 136
42. Super Salade de Sirt au Saumon.. 138
43. Salade de poulet au sésame.. 141

SMOOTHIES ET JUS 205

64. Jus de raisin et de melon... 206
65. Smoothie au thé vert 208
66. Smoothies Kale Et Cassis 210
67. Smoothie glacé aux bleuets 212
68. Smoothie banane myrtille.. 214
69. Smoothie aux myrtilles 216
70. Smoothie au babeurre et aux bleuets 218
71. Smoothie aux bleuets et à l'ananas 220
72. Smoothie myrtille orange... 222
73. Smoothie torsadé aux bleuets... 224
74. Smoothie aux bleuets et aux baies de Boysen 226
75. Smoothie framboise cantaloup 228
76. Smoothie colossal aux canneberges 230
77. Smoothie aux canneberges et à l'orange.............................. 232
78. Smoothie crémeux aux bleuets 234
79. Smoothie rapide pour le petit-déjeuner 236
80. Smoothie aux baies riche en fibres 238
81. Smoothie kiwi fraise... 240
82. Smoothie yaourt citron fraise 242
83. Smoothie aux nectarines et aux baies 244
84. Smoothie fraise banane sans gras 246
85. Smoothie aux baies de papaye 248
86. Papaye framboise banane 250
87. Smoothie aux pêches et aux baies.. 252
88. Smoothie aux baies d'ananas 254

DESSERTS 256

89. Gelée de Framboise et Cassis... 257

90. Cupcakes au chocolat avec glaçage au matcha 259
91. Granité aux baies assorties 262
92. Glace à la citrouille 265
93. Dessert fruité glacé 267
94. Pouding à l'avocat 269
95. Crème de potiron 271
96. Soufflé aux fraises 274
97. Tarte à la citrouille 277
98. Brownies épicés aux courgettes 281
99. Gâteau dans une tasse 284
100. Gâteau renversé à l'ananas 287

CONCLUSION 290

INTRODUCTION

Vous cherchez un plan de régime Sirtfood? Vous êtes au bon endroit ! Ce régime incroyable est un favori de célébrités comme Adele.

Après l'annonce qu'Adele avait subi une grave perte de poids avec le régime Sirtfood, ce régime a commencé à gagner en popularité. Voici tout ce que vous devez savoir sur le régime alimentaire Sirtfood.

Ce régime, généralement composé d'aliments délicieux, nous évite d'avoir faim, ce qui rend le régime très attractif.

Les aliments activateurs de sirtuine comprennent le cacao, la fraise, le sarrasin, l'huile d'olive, le café, le thé vert, le persil, les câpres, le céleri, le chou frisé, la roquette, la myrtille, l'oignon rouge, le soja, le curcuma, le vin rouge et les noix.

Ce régime se compose de 2 étapes. Dans la première étape, une perte de poids rapide de 7 jours est ciblée. Les 3 premiers jours, nous buvons du jus de légumes verts et prenons deux repas principaux par jour.

Ces jus verts comprennent des légumes comme le citron, le thé vert, le chou frisé, le céleri et le persil. Dans cette période, nous ne devrions pas dépasser un total de 1000 calories par jour.

Dans la deuxième étape, nous buvons 2 portions de jus vert deux fois par jour.

Une fois les 3 premières semaines terminées, vous devez continuer en ajoutant les nutriments activateurs au régime alimentaire et en continuant la consommation de jus vert.

DÉJEUNER

1. Omelette au saumon fumé

Sert : 1

Ingrédients

- 2 œufs moyens
- 100 g de saumon fumé, tranché
- 1/2 cuillère à café de câpres
- 10 g Roquette hachée
- 1 cuillère à café de persil, haché
- 1 cuillère à café d'huile d'olive extra vierge

les directions

a) Casser les œufs dans un bol et bien fouetter. Ajouter le saumon, les câpres, la roquette et le persil.

b) Faire chauffer l'huile d'olive dans une poêle antiadhésive jusqu'à ce qu'elle soit chaude mais non fumante. Ajouter le mélange d'œufs et, à l'aide d'une spatule ou d'une tranche de poisson, déplacer le mélange dans la poêle jusqu'à ce qu'il soit homogène. Baisser le feu et laisser cuire l'omelette. Faites glisser la spatule sur les bords et roulez ou pliez l'omelette en deux pour servir.

2. Pancakes aux Pommes à la Compote de Cassis

Pour 4 personnes

- 75g de bouillie d'avoine
- 125g de farine ordinaire
- 1 cuillère à café de levure chimique
- 2 cuillères à soupe de sucre semoule
- Pincée de sel
- 2 pommes, pelées, évidées et coupées en petits morceaux
- 300 ml de lait demi-écrémé
- 2 blancs d'œufs
- 2 cuillères à café d'huile d'olive légère

Pour la compote:

- 120 g de cassis lavés et équeutés
- 2 cuillères à soupe de sucre semoule
- 3 cuillères à soupe d'eau

a) Préparez d'abord la compote. Mettre les cassis, le sucre et l'eau dans une petite casserole. Porter à ébullition et cuire 10-15 minutes.

b) Mettre les flocons d'avoine, la farine, la levure chimique, le sucre semoule et le sel dans un grand bol et bien mélanger. Incorporer la pomme, puis incorporer le lait petit à petit jusqu'à obtention d'un mélange lisse. Fouetter les blancs d'œufs en neige ferme puis les incorporer à la pâte à crêpes. Transférer la pâte dans un bol.

c) Faites chauffer 1/2 cuillère à café d'huile dans une poêle antiadhésive à feu moyen-vif et versez environ un quart de la pâte. Cuire des deux côtés jusqu'à ce qu'ils soient dorés. Retirer et répéter pour faire quatre crêpes.

d) Servir les pancakes avec la compote de cassis arrosée.

3. Sirt Muesli

Ingrédients:

- 20 g de flocons de sarrasin
- 10 g de sarrasin soufflé
- 15 g de flocons de noix de coco ou de noix de coco râpée
- 40 g de dattes Medjool dénoyautées et hachées
- 15 g de noix hachées
- 10 g d'éclats de cacao
- 100 g de fraises équeutées et hachées
- 100 g de yaourt grec nature (ou alternative végétalienne, comme le yaourt au soja ou à la noix de coco)

les directions:

a) Mélangez tous les ingrédients ci-dessus ensemble, en ajoutant uniquement le yaourt et les fraises avant de servir si vous le faites en vrac.

4. Oeufs brouillés aux champignons SirtFood

Ingrédients

- 2 oeufs
- 1 cuillère à café de curcuma moulu
- 1 cuillère à café de poudre de curry doux
- 20 g de chou frisé grossièrement haché
- 1 cuillère à café d'huile d'olive extra vierge
- ½ piment oiseau, tranché finement
- une poignée de champignons de Paris, tranchés finement
- 5 g de persil finement haché

les directions

a) Mélangez le curcuma et la poudre de curry et ajoutez un peu d'eau jusqu'à obtenir une pâte légère.

b) Faites cuire le kale à la vapeur pendant 2 à 3 minutes.

c) Faites chauffer l'huile dans une poêle à feu moyen et faites revenir le piment et les champignons pendant 2 à 3 minutes jusqu'à ce qu'ils commencent à dorer et à ramollir.

5. Bouillie de noix

Portions : 5

INGRÉDIENTS:

½ tasse de noix de pécan

½ tasse de noix

¼ tasse de graines de tournesol

¼ tasse de graines de chia

¼ tasse de flocons de noix de coco (non sucré)

4 tasses de lait d'amande (non sucré)

½ cuillère à café de cannelle en poudre

¼ cuillère à café de gingembre en poudre

1 cuillère à café de stévia en poudre

1 cuillère à soupe de beurre d'amande

DES INSTRUCTIONS:

Placer les noix de pécan, les noix et les graines de tournesol dans un robot culinaire et mélanger jusqu'à ce qu'un mélange friable se forme.

Dans une poêle, ajouter le mélange de noix, les graines de chia, les flocons de noix de coco, le lait d'amande, les épices et la poudre de stévia à feu vif et porter à ébullition douce en remuant fréquemment.

Réduire le feu et laisser mijoter environ 20 minutes.

Retirer du feu et servir avec une cuillerée de beurre d'amande sur le dessus.

LA NUTRITION: Calories : 292 | Matières grasses : 7,5 g | Glucides : 9,6 g | Fibre : 6,5 g| Sucres : 1,2 g | Protéines : 8 g

6. Bouillie de quinoa

Portions : 4

INGRÉDIENTS:

2 tasses d'eau

1 tasse de quinoa rouge non cuit, rincé et égoutté

½ cuillère à café d'extrait de vanille bio

½ tasse de lait de coco

¼ cuillère à café de zeste de citron frais, finement râpé

10-12 gouttes de stévia liquide

1 cuillère à café de cannelle moulue

½ cuillère à café de gingembre moulu

½ cuillère à café de muscade moulue

Pincée de clous de girofle moulus

2 cuillères à soupe d'amandes, hachées

DES INSTRUCTIONS:

Mélanger le quinoa, l'eau et l'extrait de vanille.

Dans une poêle à feu vif et porter à ébullition.

Réduire à feu doux et couvrir pendant environ 15 minutes, ou jusqu'à ce que tout le liquide ait été absorbé, en remuant de temps en temps.

Ajouter le lait de coco, le zeste de citron, la stevia et les épices dans la poêle avec le quinoa et remuer.

Retirez le quinoa du feu et remuez-le aussitôt à la fourchette.

Répartir uniformément le mélange de quinoa dans des bols de service.

Servir avec une garniture d'amandes hachées.

LA NUTRITION: Calories : 248 | Matières grasses : 11,4 g | Glucides : 30,5 g | Fibre : 4,4 g| Sucres : 1,3g | Protéines : 7,4 g

7. Bouillie de millet

Portions : 4

INGRÉDIENTS :

1 cuillère à soupe de beurre de coco

1 cuillère à café de gingembre en poudre

2 cuillères à café de cannelle moulue

½ cuillère à café de clous de girofle moulus

1½ tasse de millet finement moulu

1½ tasse d'eau

4 tasses de lait de coco non sucré

DES INSTRUCTIONS :

Dans une poêle à feu moyen-élevé, faire fondre l'huile de noix de coco et faire dorer les épices environ 30 secondes. Ajouter le millet et remuer pour combiner. Porter à ébullition l'eau et le lait de coco en remuant constamment.

Réduire le feu à doux et laisser mijoter, partiellement couvert, pendant environ 10-15 minutes, ou jusqu'à l'épaisseur désirée, en remuant de temps en temps. Servir avec la garniture désirée.

LA NUTRITION: Calories : 398| Matières grasses : 11,7 g | Glucides : 63,1 g | Fibre : 7,1 g| Sucres : 6.1g | Protéines : 9,4 g

8. Crêpes au gingembre

Portions : 8

INGRÉDIENTS:

1 1/3 tasse de farine de pois chiche

½ cuillère à café de piment rouge en poudre

sel, au goût

1 morceau (1 pouce) de gingembre frais, finement râpé

1 tasse de feuilles de coriandre fraîche, hachées

1 piment vert, épépiné et haché

1 tasse d'eau

Aérosol de cuisson

DES INSTRUCTIONS:

Mélanger la farine, la poudre de chili et le sel dans un grand bol à mélanger.

Ajouter le gingembre, la coriandre et le piment et bien mélanger.

Ajouter de l'eau et mélanger jusqu'à consistance lisse.

Couvrir et laisser reposer ½ à 2 heures.

Graisser légèrement une grande poêle antiadhésive avec un aérosol de cuisson et chauffer à feu moyen-vif.

Ajouter la quantité désirée de mélange et incliner la casserole pour répartir uniformément dans toute la casserole.

Cuire environ 10-15 secondes de chaque côté.

Répéter avec le reste du mélange.

LA NUTRITION: Calories : 61| Matières grasses : 1,1 g | Glucides : 9,1 g | Fibre : 1,8 g| Sucres : 1,7 g | Protéines : 3,5 g

9. Crêpes à la coriandre

Portions : 6

INGRÉDIENTS:

1 piment serrano, haché

½ tasse de farine de tapioca

½ tasse de farine d'amande

½ cuillère à café de piment rouge en poudre

¼ cuillère à café de poivre de curcuma

Sel et poivre

1 tasse de lait de coco entier

½ oignon rouge, coupé en dés

1 morceau de gingembre finement râpé

½ tasse de coriandre, hachée

2 à 3 cuillères à soupe d'huile d'olive (extra-vierge)

DES INSTRUCTIONS:

Mélanger la farine et les épices dans un grand bol à mélanger.

Incorporer le lait de coco jusqu'à ce que tout soit bien mélangé.

Mélanger avec l'oignon, le gingembre, le piment serrano et la coriandre.

Chauffer une poêle à feu moyen avec une légère couche d'huile.

Versez environ 1/4 de tasse du mélange, en inclinant la casserole pour bien le répartir.

Cuire 3-4 minutes des deux côtés.

Sers immédiatement.

LA NUTRITION: Calories : 227| Matières grasses : 18,7 g | Glucides : 14g | Fibre : 2,3 g| Sucres : 1,8 g | Protéines : 3,1 g

COLLATIONS ET ENTRÉES

10. Bouchées Sirtfood

Ingrédients

120g de noix

30 g de chocolat noir (85 % de cacao), cassé en morceaux ; ou éclats de cacao

250 g de dattes Medjool dénoyautées

1 cuillères à soupe de poudre de cacao

1 cuillères à soupe de curcuma moulu

1 cuillères à soupe d'huile d'olive extra vierge

les graines grattées d'une gousse de vanille ou 1 cuillère à café d'extrait de vanille

1-2 cuillères à soupe d'eau

les directions

Placer les noix et le chocolat dans un robot culinaire et mélanger jusqu'à l'obtention d'une poudre fine.

Ajouter tous les autres ingrédients sauf l'eau et mélanger jusqu'à ce que le mélange forme une boule. Vous devrez peut-être ou non ajouter de l'eau en fonction de la consistance du mélange - vous ne voulez pas qu'il soit trop collant.

À l'aide de vos mains, façonnez le mélange en boules de la taille d'une bouchée et réfrigérez-les dans un contenant hermétique pendant au moins une heure avant de les manger.

Vous pouvez rouler certaines des boules dans plus de cacao ou de noix de coco desséchée pour obtenir une finition différente si vous le souhaitez.

Ils se conserveront jusqu'à une semaine dans votre réfrigérateur.

11. Brochettes de salade grecque

306 calories • 3,5 de votre SIRT 5 par jour

Pour 2 personnes • Prêt en 10 minutes

- 2 brochettes en bois, trempées dans l'eau pendant 30 minutes avant utilisation
- 8 grosses olives noires
- 8 tomates cerises
- 1 poivron jaune, coupé en 8 carrés
- ½ oignon rouge, coupé en deux et séparé en 8 morceaux
- 100 g (environ 10 cm) de concombre, coupé en 4 tranches et coupé en deux
- 100 g de feta coupée en 8 cubes

Pour la vinaigrette :

- 1 cuillères à soupe d'huile d'olive extra vierge
- Jus de ½ citron
- 1 cuillère à café de vinaigre balsamique
- ½ gousse d'ail, pelée et écrasée

- Quelques feuilles de basilic finement hachées (ou ½ cuillère à café d'herbes mélangées séchées pour remplacer le basilic et l'origan)
- Quelques feuilles d'origan finement hachées
- Assaisonnement généreux de sel et de poivre noir fraîchement moulu

a) Enfiler chaque brochette avec la salade Ingrédients dans l'ordre : olive, tomate, poivron jaune, oignon rouge, concombre, feta, tomate, olive, poivron jaune, oignon rouge, concombre, feta.

b) Placer tous les ingrédients de la vinaigrette dans un petit bol et bien mélanger. Verser sur les brochettes.

PLAT PRINCIPAL

12. Nouilles De Sarrasin Au Poulet Kale et Vinaigrette au miso

Temps de préparation : 15 minutes Temps de cuisson : 15 minutes Temps total : 30 minutes

Pour : 2

Ingrédients

Pour les nouilles

2-3 poignées de feuilles de chou frisé (retirées de la tige et coupées grossièrement)

150 g / 5 oz de nouilles de sarrasin (100 % sarrasin, pas de blé)

3-4 champignons shiitake, tranchés

1 cuillère à café d'huile de noix de coco ou de ghee

1 oignon brun, finement haché

1 blanc de poulet fermier moyen, tranché ou coupé en dés

1 long piment rouge, tranché finement (graines à l'intérieur ou à l'extérieur selon la piquant que vous aimez)

2 grosses gousses d'ail, coupées en petits dés

2-3 cuillères à soupe de sauce Tamari (sauce soja sans gluten)

Pour la sauce miso

$1\frac{1}{2}$ cuillère à soupe de miso bio frais

1 cuillère à soupe de sauce Tamari

1 cuillère à soupe d'huile d'olive extra vierge

1 cuillère à soupe de jus de citron ou de lime

1 cuillère à café d'huile de sésame (facultatif)

les directions

1. Porter une casserole moyenne d'eau à ébullition. Ajouter le chou frisé et cuire 1 minute, jusqu'à ce qu'il soit légèrement flétri. Retirez et mettez de côté mais réservez l'eau et ramenez-la à ébullition. Ajouter les nouilles soba et cuire selon les instructions sur l'emballage (généralement environ 5 minutes). Rincer sous l'eau froide et réserver.

2. Pendant ce temps, faites revenir les champignons shiitake dans un peu de ghee ou d'huile de noix de coco (environ une cuillère à café) pendant 2-3 minutes, jusqu'à ce qu'ils soient légèrement dorés de chaque côté. Saupoudrer de sel marin et réserver.

3. Dans la même poêle, chauffer plus d'huile de noix de coco ou de ghee à feu moyen-vif. Faire revenir l'oignon et le piment pendant 2-3 minutes puis ajouter les morceaux de poulet. Cuire 5 minutes à feu moyen en remuant quelques fois, puis ajouter l'ail, la sauce tamari et un peu d'eau. Cuire encore 2 à 3 minutes en remuant fréquemment jusqu'à ce que le poulet soit bien cuit.

4. Enfin, ajoutez le chou frisé et les nouilles soba et mélangez le poulet pour le réchauffer.

5. Mélanger la vinaigrette au miso et arroser les nouilles juste à la fin de la cuisson, de cette façon vous garderez tous ces probiotiques bénéfiques dans le miso vivants et actifs.

13. Sauté de crevettes asiatiques aux nouilles de sarrasin

Pour 1

Ingrédients:

150 g de gambas crues décortiquées, déveinées

2 cuillères à café de tamari (vous pouvez utiliser de la sauce soja si vous n'évitez pas le gluten)

2 cuillères à café d'huile d'olive extra vierge

75 g de soba (nouilles de sarrasin)

1 gousse d'ail, hachée finement

1 piment oiseau, haché finement

1 cuillère à café de gingembre frais haché finement

20 g d'oignons rouges, tranchés

40 g de céleri, paré et tranché

75 g de haricots verts hachés

50 g de chou frisé grossièrement haché

100 ml de bouillon de volaille

5 g de feuilles de livèche ou de céleri

les directions:

Faites chauffer une poêle à feu vif, puis faites cuire les crevettes dans 1 cuillère à café de tamari et 1 cuillère à café d'huile pendant 2 à 3 minutes. Transférer les crevettes dans une assiette. Essuyez la casserole avec du papier absorbant, car vous allez l'utiliser à nouveau.

Cuire les nouilles dans de l'eau bouillante pendant 5 à 8 minutes ou selon les instructions sur le paquet. Égoutter et réserver.

Pendant ce temps, faites revenir l'ail, le piment et le gingembre, l'oignon rouge, le céleri, les haricots et le chou frisé dans le reste de l'huile à feu moyen-élevé pendant 2 à 3 minutes. Ajouter le bouillon et porter à ébullition, puis laisser mijoter pendant une minute ou deux, jusqu'à ce que les légumes soient cuits mais encore croquants.

Ajouter les crevettes, les nouilles et les feuilles de livèche/céleri dans la casserole, ramener à ébullition puis retirer du feu et servir.

Chocolat au petit déjeuner ! Assurez-vous de servir avec une tasse de thé vert pour vous donner beaucoup de SIRT. Le sirop de malt de riz peut être remplacé par du sirop d'érable si vous préférez.

Pour 8 personnes • Prêt en 30 minutes

200g d'avoine jumbo

50 g de noix de pécan environ

haché

3 cuillères à soupe d'huile d'olive légère

20g de beurre

1 cuillères à soupe de cassonade foncée

2 cuillères à soupe de sirop de malt de riz

60g de bonne qualité (70%)

pépites de chocolat noir

1 Préchauffez le four à 160°C (140°C chaleur tournante/Gaz 3). Tapisser une grande plaque à pâtisserie d'une feuille de silicone ou de papier sulfurisé.

2 Mélanger les flocons d'avoine et les pacanes dans un grand bol. Dans une petite poêle antiadhésive, chauffer doucement l'huile d'olive, le beurre, la cassonade et le sirop de malt de riz jusqu'à ce que le beurre soit fondu et que le sucre et le sirop soient dissous. Ne pas laisser bouillir. Verser le sirop sur les flocons d'avoine et remuer soigneusement jusqu'à ce que les flocons d'avoine soient entièrement recouverts.

3 Répartir le granola sur la plaque de cuisson, en l'étalant jusque dans les coins. Laisser des touffes de mélange avec un espacement plutôt qu'une répartition uniforme. Cuire au four pendant 20 minutes jusqu'à ce qu'ils soient légèrement dorés sur les bords. Retirer du four et laisser refroidir complètement sur la plaque.

4 Une fois refroidi, cassez les gros morceaux sur le plateau avec vos doigts, puis mélangez-y les pépites de chocolat. Ramassez ou versez le granola dans un pot ou un pot hermétique. Le granola se conserve au moins 2 semaines.

14. Potée asiatique parfumée

Pour 2

1 cuillère à café de purée de tomates

1 anis étoilé, écrasé (ou 1/4 cuillère à café d'anis moulu)

Petite poignée (10 g) de persil, tiges finement hachées

Petite poignée (10g) de coriandre, tiges finement hachées

Jus de 1/2 citron vert

500 ml de bouillon de poulet, frais ou préparé avec 1 cube

1/2 carotte, pelée et coupée en allumettes

50 g de brocoli, coupé en petits bouquets

50g de germes de soja

100g de crevettes tigrées crues

100g de tofu ferme, haché

50 g de nouilles de riz, cuites selon le paquet

50 g de châtaignes d'eau cuites égouttées

20 g de gingembre à sushi, haché

1 cuillères à soupe de pâte de miso de bonne qualité

Placer la purée de tomates, l'anis étoilé, les tiges de persil, les tiges de coriandre, le jus de citron vert et le bouillon de poulet dans une grande casserole et porter à ébullition pendant 10 minutes.

Ajouter la carotte, le brocoli, les crevettes, le tofu, les nouilles et les châtaignes d'eau et laisser mijoter doucement jusqu'à ce que les crevettes soient bien cuites. Retirer du feu et incorporer le gingembre à sushi et la pâte de miso.

Servir saupoudré de feuilles de persil et de coriandre.

15. Tajine d'agneau, courge musquée et dattes

Pour : 4

Ingrédients

- 2 cuillères à soupe d'huile d'olive
- 1 oignon rouge, tranché
- 2 cm de gingembre râpé
- 3 gousses d'ail, râpées ou écrasées
- 1 cuillère à café de flocons de piment (ou au goût)
- 2 cuillères à café de graines de cumin
- 1 bâton de cannelle
- 2 cuillères à café de curcuma moulu
- 800 g de filet d'agneau coupé en morceaux de 2 cm
- ½ cuillère à café de sel
- 100 g de dattes Medjool, dénoyautées et hachées
- 400 g de tomates concassées en conserve, plus une demi-boîte d'eau
- 500 g de courge butternut coupée en cubes de 1 cm
- 400 g de pois chiches en conserve, égouttés
- 2 cuillères à soupe de coriandre fraîche (plus un supplément pour la garniture)

- Sarrasin, couscous, pains plats ou riz pour servir

les directions

a) Préchauffez votre four à 140C.

b) Versez environ 2 cuillères à soupe d'huile d'olive dans une grande casserole allant au four ou une cocotte en fonte. Ajouter l'oignon émincé et cuire à feu doux, avec le couvercle, pendant environ 5 minutes, jusqu'à ce que les oignons soient ramollis mais pas brunis.

c) Ajouter l'ail et le gingembre râpés, le piment, le cumin, la cannelle et le curcuma. Bien mélanger et laisser cuire 1 minute de plus sans couvercle. Ajouter un peu d'eau s'il devient trop sec.

d) Ajoutez ensuite les morceaux d'agneau. Bien mélanger pour enrober la viande d'oignons et d'épices, puis ajouter le sel, les dattes hachées et les tomates, ainsi qu'environ une demi-boîte d'eau (100-200 ml).

e) Portez le tajine à ébullition puis mettez le couvercle et enfournez dans votre four préchauffé pendant 1h15.

f) Trente minutes avant la fin de la cuisson, ajouter la courge butternut hachée et les pois chiches égouttés. Mélangez le tout, remettez le couvercle et remettez au four pour les 30 dernières minutes de cuisson.

g) Lorsque le tajine est prêt, sortez-le du four et incorporez-y la coriandre ciselée. Servir avec du sarrasin, du couscous, des pains plats ou du riz basmati.

16. Crevette Arrabbiata

Pour 1

Ingrédients

125-150 g Crevettes crues ou cuites (Idéalement gambas)

65 g Pâtes de sarrasin

1 cuillères à soupe d'huile d'olive extra vierge

Pour la sauce arrabbiata

40 g d'oignon rouge, finement haché

1 gousse d'ail, hachée finement

30 g Céleri finement haché

1 piment oiseau, haché finement

1 cuillère à café d'herbes mélangées séchées

1 cuillère à café d'huile d'olive extra vierge

2 cuillères à soupe de vin blanc (facultatif)

400 g de tomates concassées en conserve

1 cuillères à soupe de persil haché

les directions

1. Faites revenir l'oignon, l'ail, le céleri, le piment et les herbes séchées dans l'huile à feu moyen-doux pendant 1 à 2 minutes. Augmentez le feu à moyen, ajoutez le vin et laissez cuire 1 minute. Ajouter les tomates et laisser mijoter la sauce à feu moyen-doux pendant 20 à 30 minutes, jusqu'à ce qu'elle ait une belle consistance riche. Si vous sentez que la sauce devient trop épaisse, ajoutez simplement un peu d'eau.

2. Pendant que la sauce cuit, portez une casserole d'eau à ébullition et faites cuire les pâtes selon les instructions du paquet. Lorsqu'il est cuit à votre goût, égouttez-le, mélangez-le avec l'huile d'olive et conservez-le dans la poêle jusqu'à ce que vous en ayez besoin.

3. Si vous utilisez des crevettes crues, ajoutez-les à la sauce et faites cuire encore 3 à 4 minutes, jusqu'à ce qu'elles soient roses et opaques, ajoutez le persil et servez. Si vous utilisez des crevettes cuites, ajoutez-les avec le persil, portez la sauce à ébullition et servez.

4. Ajouter les pâtes cuites à la sauce, bien mélanger mais délicatement et servir.

17. Saumon au four au curcuma

Sert : 1

Ingrédients

- 125-150 g de saumon sans peau
- 1 cuillère à café d'huile d'olive extra vierge
- 1 cuillère à café de curcuma moulu
- 1/4 Jus d'un citron
- Pour le céleri épicé
- 1 cuillère à café d'huile d'olive extra vierge
- 40 g d'oignon rouge, finement haché
- 60 g Lentilles vertes en conserve
- 1 gousse d'ail, hachée finement
- 1 cm de gingembre frais, haché finement
- 1 piment, haché finement
- 150 g de céleri coupé en tronçons de 2 cm
- 1 cuillère à café de poudre de curry doux
- 130 g de tomates coupées en 8 quartiers
- 100 ml de bouillon de poulet ou de légumes

- 1 cuillères à soupe de persil haché

les directions

a) Chauffez le four à 200C/thermostat 6.

b) Commencez par le céleri épicé. Faites chauffer une poêle à feu moyen-doux, ajoutez l'huile d'olive, puis l'oignon, l'ail, le gingembre, le piment et le céleri.

c) Faire frire doucement pendant 2 à 3 minutes ou jusqu'à ce qu'ils soient ramollis mais non colorés, puis ajouter la poudre de curry et cuire encore une minute.

d) Ajouter les tomates puis le bouillon et les lentilles et laisser mijoter doucement pendant 10 minutes. Vous pouvez augmenter ou diminuer le temps de cuisson en fonction du croquant que vous aimez votre céleri.

e) Pendant ce temps, mélanger le curcuma, l'huile et le jus de citron et badigeonner le saumon. # Placer sur une plaque à pâtisserie et cuire pendant 8 à 10 minutes.

f) Pour finir, incorporer le persil au céleri et servir avec le saumon.

18. Pommes de terre au four avec ragoût de pois chiches épicés

Pour 4 à 6 personnes

Ingrédients

- 4-6 pommes de terre à cuire, piquées partout
- 2 cuillères à soupe d'huile d'olive
- 2 oignons rouges, hachés finement
- 4 gousses d'ail, râpées ou écrasées
- 2 cm de gingembre râpé
- ½ -2 cuillères à café de flocons de piment (selon la chaleur que vous aimez)
- 2 cuillères à soupe de graines de cumin
- 2 cuillères à soupe de curcuma
- Éclaboussure d'eau
- 2 boîtes de 400 g de tomates concassées
- 2 cuillères à soupe de cacao en poudre non sucré (ou cacao)
- 2 boîtes de 400 g de pois chiches
- 2 poivrons jaunes, coupés en bouchées
- 2 cuillères à soupe de persil plus un supplément pour la garniture

- Sel et poivre au goût (facultatif)
- Salade d'accompagnement (facultatif)

les directions

a) Préchauffez le four à 200°C, pendant ce temps vous pouvez préparer tous vos Ingrédients.

b) Lorsque le four est suffisamment chaud, mettez vos pommes de terre au four et faites cuire pendant 1 heure ou jusqu'à ce qu'elles soient cuites comme vous les aimez.

c) Une fois les pommes de terre au four, placez l'huile d'olive et l'oignon rouge haché dans une grande casserole large et faites cuire doucement, avec le couvercle pendant 5 minutes, jusqu'à ce que les oignons soient tendres mais pas bruns.

d) Retirer le couvercle et ajouter l'ail, le gingembre, le cumin et le piment. Cuire encore une minute à feu doux, puis ajouter le curcuma et un tout petit peu d'eau et cuire encore une minute en prenant soin de ne pas trop sécher la poêle.

e) Ensuite, ajoutez les tomates, la poudre de cacao (ou cacao), les pois chiches (y compris l'eau de pois chiche) et le poivron jaune. Porter à ébullition, puis laisser mijoter à feu doux pendant 45 minutes jusqu'à ce que la sauce soit épaisse et onctueuse (mais ne la laissez pas brûler !). Le ragoût doit être fait à peu près en même temps que les pommes de terre.

f) Enfin, ajoutez les 2 cuillères à soupe de persil, et un peu de sel et de poivre si vous le souhaitez, et servez le ragoût sur les pommes de terre au four, peut-être avec une simple salade d'accompagnement.

19. Dhal de chou frisé et d'oignon rouge au sarrasin

Sert : 4

Ingrédients

- 1 cuillère à soupe d'huile d'olive
- 1 petit oignon rouge, tranché
- 3 gousses d'ail, râpées ou écrasées
- 2 cm de gingembre râpé
- 1 piment oiseau, épépiné et finement haché
- 2 cuillères à café de curcuma
- 2 cuillères à café de garam masala
- 160g de lentilles rouges
- 400 ml de lait de coco
- 200 ml d'eau
- 100 g de chou frisé (ou des épinards serait une excellente alternative)
- 160 g de sarrasin (ou de riz brun)

les directions

1. Mettez l'huile d'olive dans une grande casserole profonde et ajoutez l'oignon émincé. Cuire à feu doux, avec le couvercle pendant 5 minutes jusqu'à ce qu'ils ramollissent.

2. Ajouter l'ail, le gingembre et le piment et cuire encore 1 minute.

3. Ajouter le curcuma, le garam masala et un peu d'eau et cuire encore 1 minute.

4. Ajoutez les lentilles rouges, le lait de coco et 200 ml d'eau (faites cela simplement en remplissant à moitié la boîte de lait de coco avec de l'eau et en la versant dans la casserole).

5. Mélanger soigneusement le tout et cuire 20 minutes à feu doux avec le couvercle. Remuez de temps en temps et ajoutez un peu plus d'eau si le dhal commence à coller.

6. Après 20 minutes, ajoutez le chou frisé, remuez soigneusement et replacez le couvercle, faites cuire encore 5 minutes (1-2 minutes si vous utilisez des épinards à la place !)

7. Environ 15 minutes avant que le curry ne soit prêt, placez le sarrasin dans une casserole moyenne et ajoutez beaucoup d'eau bouillante. Ramenez l'eau à ébullition et laissez cuire 10 minutes (ou un peu plus si vous préférez que votre sarrasin soit plus tendre. Égouttez le sarrasin dans une passoire et servez avec le dhal.

20. Boeuf Grillé Au Jus De Vin Rouge

Ingrédients:

- 100 g de pommes de terre épluchées et coupées en dés de 2 cm
- 1 cuillères à soupe d'huile d'olive extra vierge
- 5 g de persil finement haché
- 50 g d'oignon rouge, coupé en rondelles
- 50 g de chou frisé, tranché
- 1 gousse d'ail, hachée finement
- 120 à 150 g de filet de bœuf de 3,5 cm d'épaisseur ou de surlonge de 2 cm d'épaisseur
- 40 ml de vin rouge
- 150 ml de bouillon de bœuf
- 1 cuillère à café de purée de tomates
- 1 cuillère à café de maïzena, dissoute dans 1 cuillère à soupe d'eau

les directions:

a) Chauffer le four à 220°C/gaz 7.

b) Plongez les pommes de terre dans une casserole d'eau bouillante, ramenez à ébullition et laissez cuire 4 à 5 minutes, puis égouttez. Placer dans un plat à rôtir avec 1 cuillère à café d'huile et faire rôtir à four chaud pendant 35 à 45 minutes. Retourner les pommes de terre toutes les 10 minutes pour assurer une cuisson homogène. A la fin de la cuisson, retirer du four, saupoudrer de persil haché et bien mélanger.

c) Faire revenir l'oignon dans 1 cuillère à café d'huile à feu moyen pendant 5 à 7 minutes, jusqu'à ce qu'il soit tendre et bien caramélisé. Garder au chaud. Faites cuire le kale à la vapeur pendant 2 à 3 minutes, puis égouttez-le. Faire revenir l'ail doucement dans ½ cuillère à café d'huile pendant 1 minute, jusqu'à ce qu'il soit tendre mais non coloré. Ajouter le chou frisé et faire revenir encore 1 à 2 minutes, jusqu'à ce qu'il soit tendre. Garder au chaud.

d) Faire chauffer une poêle allant au four à feu vif jusqu'à ce qu'elle fume. Enrober la viande dans ½ cuillère à café d'huile et faire frire dans la poêle chaude à feu moyen-élevé selon la façon dont vous aimez votre viande cuite. Si vous aimez votre viande moyenne, il serait préférable de saisir la viande puis de transférer la poêle dans un four réglé à 220°C/gaz 7 et terminer ainsi la cuisson pendant les temps prescrits.

e) Retirer la viande de la poêle et laisser reposer. Ajouter le vin dans la poêle chaude pour faire remonter tout résidu de viande. Bouillir pour faire réduire le vin de moitié, jusqu'à ce qu'il soit sirupeux et avec une saveur concentrée.

f) Ajouter le bouillon et la purée de tomates dans la poêle à steak et porter à ébullition, puis ajouter la pâte de maïzena pour épaissir votre sauce, en l'ajoutant un peu à la fois jusqu'à ce que vous ayez la consistance désirée. Incorporer le jus du steak reposé et servir avec les pommes de terre rôties, le chou frisé, les rondelles d'oignon et la sauce au vin rouge.

21. Curry De Kale, Edamame Et Tofu

Pour 4 personnes

- 1 cuillères à soupe d'huile de colza
- 1 gros oignon, haché
- 4 gousses d'ail, pelées et râpées
- 1 gros pouce (7 cm) de gingembre frais, pelé et râpé
- 1 piment rouge, épépiné et tranché finement
- 1/2 cuillère à café de curcuma moulu
- 1/4 cuillère à café de poivre de Cayenne
- 1 cuillère à café de paprika
- 1/2 cuillère à café de cumin moulu
- 1 cuillère à café de sel
- 250 g de lentilles rouges séchées
- 1 litre d'eau bouillante
- 50 g de fèves edamame de soja surgelées
- 200 g de tofu ferme coupé en cubes
- 2 tomates, hachées grossièrement
- Jus de 1 citron vert

- 200 g de feuilles de chou frisé, tiges retirées et déchirées

a) Mettre l'huile dans une casserole à fond épais à feu doux-moyen. Ajouter l'oignon et cuire 5 minutes avant d'ajouter l'ail, le gingembre et le piment et cuire encore 2 minutes. Ajouter le curcuma, le poivre de Cayenne, le paprika, le cumin et le sel. Mélangez avant d'ajouter les lentilles rouges et mélangez à nouveau.

b) Versez l'eau bouillante et faites mijoter à feu vif pendant 10 minutes, puis réduisez le feu et laissez cuire encore 20 à 30 minutes jusqu'à ce que le curry ait une consistance épaisse de « bouillie ».

c) Ajouter les graines de soja, le tofu et les tomates et cuire encore 5 minutes. Ajouter le jus de citron vert et les feuilles de chou frisé et cuire jusqu'à ce que le chou frisé soit juste tendre.

22. Poitrine de poulet aromatique avec chou frisé, oignon rouge et salsa

Ingrédients:

- 120 g de blanc de poulet désossé et sans peau
- 2 cuillères à café de curcuma moulu
- jus de ¼ citron
- 1 cuillères à soupe d'huile d'olive extra vierge
- 50 g de chou frisé, haché
- 20 g d'oignon rouge, tranché
- 1 cuillère à café de gingembre frais haché
- 50g de sarrasin

les directions:

a) Pour faire la salsa, retirez l'œil de la tomate et hachez-la très finement en prenant soin de garder le plus de liquide possible. Mélanger avec le piment, les câpres, le persil et le jus de citron. Vous pourriez tout mettre dans un mixeur mais le résultat final est un peu différent.

b) Chauffer le four à 220°C/gaz 7. Faire mariner le blanc de poulet dans 1 cuillère à café de curcuma, le jus de citron et un peu d'huile. Laisser agir 5 à 10 minutes.

c) Faites chauffer une poêle allant au four jusqu'à ce qu'elle soit chaude, puis ajoutez le poulet mariné et faites cuire environ une minute de chaque côté, jusqu'à ce qu'il soit légèrement doré, puis transférez au four (placez sur une plaque à pâtisserie si votre poêle ne va pas au four) pendant 8- 10 minutes ou jusqu'à ce qu'ils soient bien cuits. Retirer du four, couvrir de papier d'aluminium et laisser reposer 5 minutes avant de servir.

d) Pendant ce temps, faites cuire le chou frisé à la vapeur pendant 5 minutes. Faire revenir les oignons rouges et le gingembre dans un peu d'huile, jusqu'à ce qu'ils soient tendres mais pas colorés, puis ajouter le chou frisé cuit et faire revenir encore une minute.

e) Cuire le sarrasin selon les instructions du paquet avec la cuillère à café de curcuma restante. Servir avec le poulet, les légumes et la salsa.

23. Sirt Food Morue marinée au miso avec légumes verts sautés

POUR 1

Ingrédients

- 20g de miso
- 1 Cuillère à soupe de mirin
- 1 cuillères à soupe d'huile d'olive extra vierge
- 200 g de filet de cabillaud sans peau
- 20 g d'oignon rouge, tranché
- 40 g de céleri coupé en tranches
- 1 gousse d'ail, hachée finement
- 1 piment oiseau, haché finement
- 1 cuillère à café de gingembre frais haché finement
- 60g de haricots verts
- 50 g de chou frisé grossièrement haché
- 1 cuillère à café de graines de sésame
- 5 g de persil haché grossièrement
- 1 cuillères à soupe de tamari
- 30g de sarrasin
- 1 cuillère à café de curcuma moulu

les directions

a) Mélanger le miso, le mirin et 1 cuillère à café d'huile. Frotter le cabillaud et laisser mariner 30 minutes. Chauffer le four à 220°C/gaz 7.

b) Cuire la morue pendant 10 minutes.

c) Pendant ce temps, faites chauffer une grande poêle ou un wok avec le reste d'huile. Ajouter l'oignon et faire sauter quelques minutes, puis ajouter le céleri, l'ail, le piment, le gingembre, les haricots verts et le chou frisé. Mélanger et faire frire jusqu'à ce que le chou soit tendre et bien cuit. Vous devrez peut-être ajouter un peu d'eau dans la casserole pour faciliter le processus de cuisson.

d) Cuire le sarrasin selon les instructions du paquet avec le curcuma pendant 3 minutes.

e) Ajouter les graines de sésame, le persil et le tamari au sauté et servir avec les légumes verts et le poisson.

24. Porc à la chinoise avec Pak Choi

Pour 4 personnes

Ingrédients

- 400 g de tofu ferme coupé en gros cubes
- 1 cuillères à soupe de maïzena
- 1 cuillères à soupe d'eau
- 125 ml de bouillon de volaille
- 1 cuillères à soupe de vin de riz
- 1 cuillères à soupe de purée de tomates
- 1 cuillère à café de cassonade
- 1 cuillères à soupe de sauce soja
- 1 gousse d'ail, pelée et écrasée
- 1 pouce (5 cm) de gingembre frais, pelé et râpé 1 cuillère à soupe d'huile de colza
- 100 g de champignons shiitake, tranchés
- 1 échalote, pelée et tranchée
- 200 g de pak choi ou de choi sum, coupé en fines tranches 400 g de porc haché (10 % de matière grasse)
- 100g de germes de soja

- Une grosse poignée (20 g) de persil haché

a) Étalez le tofu sur du papier absorbant, couvrez avec plus de papier absorbant et réservez.

b) Dans un petit bol, mélanger la maïzena et l'eau en enlevant tous les grumeaux. Ajouter le bouillon de poulet, l'alcool de riz, la purée de tomates, la cassonade et la sauce soya. Ajouter l'ail et le gingembre écrasés et mélanger.

c) Dans un wok ou une grande poêle, faire chauffer l'huile à haute température. Ajouter les champignons shiitake et faire sauter pendant 2 à 3 minutes jusqu'à ce qu'ils soient cuits et brillants. Retirer les champignons de la poêle à l'aide d'une écumoire et réserver. Ajouter le tofu dans la poêle et faire sauter jusqu'à ce qu'il soit doré de tous les côtés. Retirer à l'aide d'une écumoire et réserver.

d) Ajouter l'échalote et le pak choi dans le wok, faire sauter 2 minutes, puis ajouter le hachis. Cuire jusqu'à ce que le hachis soit bien cuit, puis ajouter la sauce, réduire le feu d'un cran et laisser la sauce bouillonner autour de la viande pendant une minute ou deux. Ajouter les germes de soja, les champignons shiitake et le tofu dans la poêle et bien réchauffer. Retirer du feu, incorporer le persil et servir immédiatement.

25. Ragoût de haricots à la toscane

Ingrédients

- 1 cuillères à soupe d'huile d'olive extra vierge
- 50 g d'oignon rouge, finement haché
- 30 g de carottes, épluchées et hachées finement
- 30 g de céleri, paré et finement haché
- 1 gousse d'ail, hachée finement
- ½ piment oiseau, haché finement (facultatif)
- 1 cuillère à café d'herbes de Provence
- 200 ml de bouillon de légumes
- 1 boîte de 400 g de tomates italiennes hachées
- 1 cuillère à café de purée de tomates
- 200 g de haricots mélangés en conserve
- 50 g de chou frisé grossièrement haché
- 1 cuillères à soupe de persil haché grossièrement
- 40g de sarrasin

les directions

a) Placer l'huile dans une casserole moyenne à feu doux-moyen et faire revenir doucement l'oignon, la carotte, le céleri, l'ail, le piment (le cas échéant) et les herbes jusqu'à ce que l'oignon soit tendre mais non coloré.

b) Ajouter le bouillon, les tomates et la purée de tomates et porter à ébullition. Ajouter les haricots et laisser mijoter 30 minutes.

c) Ajouter le chou frisé et cuire encore 5 à 10 minutes, jusqu'à ce qu'il soit tendre, puis ajouter le persil.

d) Pendant ce temps, faire cuire le sarrasin selon les instructions du paquet, égoutter puis servir avec le ragoût.

26. Saumon poché aux agrumes

Portions : 3

INGRÉDIENTS:

3 gousses d'ail, écrasées

1 cuillère à café de gingembre frais, finement râpé

1/3 tasse de jus d'orange frais

3 cuillères à soupe d'aminos de noix de coco

3 filets de saumon

DES INSTRUCTIONS:

Mettre tous les ingrédients sauf les filets de saumon dans un bol et bien mélanger. Déposer les filets de saumon au fond d'une grande poêle

Répartir uniformément le mélange de gingembre sur le saumon et laisser reposer à température ambiante pendant environ 15 minutes.

Dans une casserole à feu vif, porter à ébullition. Réduire à feu doux et cuire, couvert, de 10 à 12 minutes, ou jusqu'à la cuisson désirée.

LA NUTRITION: Calories :259| Matières grasses : 10,6 g | Glucides : 7,3 g | Fibre : 0,2 g| Sucres : 2,4 g | Protéines : 33,4 g

27. Saumon épicé

Portions : 6

INGRÉDIENTS:

½ cuillère à soupe de gingembre moulu

½ cuillère à soupe de coriandre moulue

½ cuillère à soupe de cumin moulu

½ cuillère à café de paprika

¼ cuillère à café de poivre de Cayenne

Pincée de sel

1 cuillère à soupe de jus d'orange frais

1 cuillère à soupe d'huile de noix de coco, fondue

6 filets de saumon

DES INSTRUCTIONS:

Placer tous les ingrédients sauf le saumon dans un grand bol et remuer jusqu'à ce qu'une pâte se forme.

Ajouter le saumon et badigeonner généreusement du mélange.

Laisser mariner 30 minutes au réfrigérateur.

Pendant au moins 10 minutes, préchauffez le gril à gaz à puissance élevée.

À l'aide d'un aérosol de cuisson, enduisez la grille du gril.

Placer les filets de saumon sur le gril et cuire quelques minutes.

Couvrir avec le couvercle et faire griller environ 3-4 minutes.

Tourner le côté et couvrir avec le couvercle et griller encore 3-4 minutes.

LA NUTRITION: Calories :175| Graisse : 9,5 g| Glucides : 1 g| Fibre : 0,2 g| Sucres : 0,3 g | Protéines : 22,2 g

28. Saumon au miel

Portions : 2-4

INGRÉDIENTS :

2 filets de saumon

2 cuillères à soupe plus ½ cuillère à café de miel brut

1/3 cuillère à café de curcuma moulu

poivre noir, fraîchement moulu

2 grosses tranches de citron

2 filets de saumon

DES INSTRUCTIONS :

Placez le saumon, ½ cuillère à café de miel, ¼ de cuillère à café de curcuma et le poivre noir dans un sac Ziploc.

Fermez le sac et secouez bien.

Laisser mariner 1 heure au réfrigérateur.

Préchauffez votre four à 40°F.

Transférer les filets de saumon sur une plaque à pâtisserie en une seule couche.

Couvrir les filets de marinade.

Déposer les filets de saumon côté peau vers le haut et enfourner environ 6 minutes.

Inversez délicatement les côtés des filets.

Saupoudrer uniformément du reste de curcuma et de poivre noir.

Déposer 1 rondelle de citron sur chaque filet et arroser du reste de miel.

Cuire environ 6 minutes.

LA NUTRITION: Calories : 290| Matières grasses : 10,5 g | Glucides : 17,6 g | Fibre : 0,1 g| Sucres : 17.3g | Protéines : 33,1 g

29. Saumon glacé

Portions : 6

INGRÉDIENTS:

1 échalote, hachée

1 cuillère à café d'ail en poudre

¼ tasse de miel brut

1/3 tasse de jus d'orange frais

1/3 tasse d'aminos de noix de coco

6 filets de saumon

1 cuillère à café de gingembre en poudre

DES INSTRUCTIONS:

Mettre tous les ingrédients dans un sac Ziploc et sceller le sac.

Secouez le sac pour enrober le mélange de saumon.

Réfrigérer environ 30 minutes en retournant de temps en temps.

Préchauffer le gril à feu moyen. Graisser la grille du gril.

Retirez le saumon du sac de marinade et mettez-le de côté.

Placer les filets de saumon sur le gril et faire griller environ 10 minutes.

Badigeonner les filets avec la marinade réservée et faire griller encore 5 minutes.

LA NUTRITION: Calories :216| Graisse : 7,1 g | Glucides : 16,5 g | Fibre : 0,2 g| Sucres : 12,9 g | Protéines : 22,3 g

30. Saumon au yaourt

Portions : 4

INGRÉDIENTS:

¼ tasse de yogourt grec faible en gras

½ cuillère à café de coriandre moulue

½ cuillère à café de curcuma moulu

½ cuillère à café de gingembre moulu

¼ cuillère à café de poudre de cayenne

Pincée de sel

Pincée de poivre noir moulu

4 filets de saumon sans peau

DES INSTRUCTIONS:

Faites chauffer le gril. Graisser une poêle à griller.

Mélanger tous les ingrédients, sauf le saumon, dans un bol à mélanger.

Placer les filets de saumon en une seule couche sur la lèchefrite qui a été préparée.

Verser uniformément le mélange de yogourt sur chaque filet.

Griller environ 12-14 minutes.

Sers immédiatement.

LA NUTRITION: Calories : 313| Graisse : 18,3 g | Glucides : 1,4 g | Fibre : 0,1 g| Sucres : 1g | Protéines : 34 g

31. Saumon en croûte de noix

Portions : 4

INGRÉDIENTS:

1 tasse de noix

1 cuillère à soupe d'aneth frais, haché

2 cuillères à soupe de zeste de citron frais, râpé

½ cuillères à café de sel d'ail

poivre noir, fraîchement moulu

1 cuillère à soupe d'huile d'olive

3-4 cuillères à soupe de moutarde de Dijon

4 filets de saumon

4 cuillères à café de jus de citron frais

DES INSTRUCTIONS:

Préchauffez votre four à 350°F.

À l'aide de papier parchemin, tapisser une grande plaque à pâtisserie.

Dans un robot culinaire, mixez les noix jusqu'à ce qu'elles soient hachées grossièrement.

Incorporer l'aneth, le zeste de citron, le sel d'ail, le poivre noir et le beurre jusqu'à ce que le mélange soit friable.

Placer les filets de saumon sur la plaque à pâtisserie préparée en une seule couche, côté peau vers le bas.

Tartiner le dessus de chaque filet de saumon de moutarde de Dijon.

Verser le mélange de noix sur chaque filet et appuyer doucement sur la surface du saumon.

Cuire environ 15-20 minutes.

Sortez les filets de saumon du four et disposez-les sur des assiettes de service.

Arrosez de jus de citron et servez.

LA NUTRITION: Calories :350| Matières grasses : 27,8 g | Glucides : 5,2 g | Fibre : 2,9 g| Sucres : 0,8 g | Protéines : 24,9 g

32. Saumon aux pêches

Portions : 4

INGRÉDIENTS:

4 pavés de saumon

Pincée de sel

3 pêches, évidées et coupées en quartiers

1 cuillère à soupe de gingembre frais, haché

1 cuillère à café de feuilles de thym frais, hachées

3 cuillères à soupe d'huile d'olive

1 cuillère à soupe de vinaigre balsamique

Pincée de poivre noir moulu

DES INSTRUCTIONS:

Préchauffer le gril à feu moyen. Graisser la grille du gril.

Saupoudrer uniformément le saumon de sel et de poivre noir.

Dans un plat à mélanger, mélanger la pêche, le sel et le poivre noir.

Préchauffez le gril.

Placez maintenant les pêches et les darnes de saumon sur le gril.

Cuire le saumon 5-6 minutes de chaque côté sur le gril.

Griller les pêches et les oignons environ 3-4 minutes de chaque côté.

Pendant ce temps, placez le reste des ingrédients dans un bol et mélangez jusqu'à l'obtention d'une pâte lisse.

Répartir uniformément le mélange de gingembre sur les filets de saumon et servir avec les pêches et les oignons.

LA NUTRITION: Calories : 290| Matières grasses : 17,9 g | Glucides : 11,7 g | Fibre : 2g | Sucres : 10.6g | Protéines : 23,2 g

33. Saumon sauce piquante

Portions : 5

INGRÉDIENTS:

5 filets de saumon

1½ cuillères à café de curcuma moulu

Pincée de sel

3 cuillères à soupe d'huile de noix de coco

1 bâton de cannelle, grossièrement écrasé

3-4 cardamome verte grossièrement écrasée

4-5 clous de girofle entiers, grossièrement écrasés

2 feuilles de laurier

1 oignon, coupé en dés

1 cuillère à café de pâte d'ail

1½ cuillères à café de pâte de gingembre

3-4 piments verts, coupés en deux

1 cuillère à café de piment rouge en poudre

¾ tasse de yogourt grec nature

¾ tasse d'eau

¼ tasse de coriandre fraîche, hachée

DES INSTRUCTIONS:

Dans un bol, assaisonnez le saumon avec ½ cuillère à café de curcuma et de sel et réservez.

Dans une poêle, faire fondre 1 cuillère à soupe d'huile de coco et saisir le saumon, environ 2 minutes de chaque côté.

Transférer le saumon dans un bol.

Dans la même poêle, faire fondre le reste de l'huile et faire sauter la cannelle, la cardamome verte, les clous de girofle entiers et le laurier pendant environ 1 minute.

Faire sauter pendant environ 4-5 minutes après avoir ajouté l'oignon.

Ajouter la pâte d'ail, la pâte de gingembre et les poivrons verts et faire revenir environ 2 minutes.

Réduire le feu à moyen-doux.

Ajouter le curcuma restant, la poudre de piment rouge, le sel et faire sauter pendant environ 1 minute.

Pendant ce temps, mettre le yaourt et l'eau dans un bol et remuer jusqu'à consistance lisse.

Maintenant, réduisez le feu à doux et ajoutez lentement le mélange de yogourt, en remuant constamment.

Couvrir et laisser mijoter environ 15 minutes.

Ajouter délicatement les filets de saumon et laisser mijoter environ 5 minutes.

Servir chaud avec de la coriandre.

LA NUTRITION: Calories : 270| Matières grasses : 16 g | Glucides : 7,3 g | Fibre : 1,4 g| Sucres : 3,8 g | Protéines : 24,8 g

34. Morue à la sauce tomate

Portions : 5

INGRÉDIENTS:

2 cuillères à soupe d'huile d'olive

3 cuillères à soupe de pâte de tomate

1 cuillère à café d'aneth séché

2 cuillères à café de sumac

2 cuillères à café de coriandre moulue

$1\frac{1}{2}$ cuillères à café de cumin moulu

1 cuillère à café de poudre de curcuma

1 gros oignon doux, coupé en dés

8 gousses d'ail, écrasées

2 piments jalapeno, hachés

2 cuillères à soupe de jus de citron vert

5 tomates moyennes, hachées

$\frac{1}{2}$ tasse d'eau

5 filets de cabillaud

Pincée de sel

Pincée de poivre noir moulu

DES INSTRUCTIONS:

Pour le mélange d'épices : Placer l'aneth et les épices dans un petit bol et bien mélanger. Dans un grand wok profond, chauffer l'huile à feu vif et faire revenir l'oignon environ 2 minutes.

Faire sauter pendant environ 2 minutes avec l'ail et le jalapeno.

Incorporer les tomates, la pâte de tomate, le jus de citron vert, l'eau, la moitié du mélange d'épices, le sel et le poivre et porter à ébullition.

Cuire, couvert, environ 10 minutes à feu moyen-doux, en remuant périodiquement. Pendant ce temps, assaisonnez uniformément les filets de cabillaud avec le reste du mélange d'épices, du sel et du poivre.

Placer les filets de poisson dans le wok et presser légèrement dans le mélange de tomates. Réglez le feu à moyen-vif et laissez cuire environ 2 minutes.

Réduire le feu à moyen et cuire, couvert, environ 10 à 15 minutes ou jusqu'à la cuisson désirée.

LA NUTRITION: Calories :301| Matières grasses : 7,9 g | Glucides : 12,2 g | Fibre : 3g | Sucres : 5,9 g | Protéines : 45,2 g

35. Tilapia au gingembre

Portions : 5

INGRÉDIENTS :

5 filets de tilapia

3 gousses d'ail, écrasées

2 cuillères à soupe de gingembre frais, haché

2 cuillères à soupe de noix de coco non sucrée, râpée

2 cuillères à soupe d'aminos de noix de coco

8 oignons nouveaux, hachés

2 cuillères à soupe d'huile de noix de coco

DES INSTRUCTIONS :

Dans une poêle, faire fondre l'huile de coco à feu vif et faire revenir les filets de tilapia environ 2 minutes. Tourner le côté et ajouter l'ail, la noix de coco et le gingembre et cuire environ 1 minute.

Ajouter les aminos à la noix de coco et cuire environ 1 minute. Ajouter l'oignon de printemps et cuire environ 1-2 minutes de plus.

Sers immédiatement.

LA NUTRITION: Calories : 266| Matières grasses : 8,8 g | Glucides : 19,9 g | Fibre : 3,7 g| Sucres : 1,5 g | Protéines : 29,1 g

SALADES

36. Poulet au curcuma et Salade de chou frisé avec vinaigrette au miel et à la lime

Pour : 2

Ingrédients

Pour le poulet

- 1 cuillère à café de ghee ou 1 cuillères à soupe d'huile de noix de coco
- ½ oignon brun moyen, coupé en dés
- 250-300 g / 9 oz. poulet haché ou cuisses de poulet coupées en dés
- 1 grosse gousse d'ail, finement coupée en dés
- 1 cuillère à café de poudre de curcuma
- 1 cuillère à café de zeste de citron vert
- jus de ½ citron vert
- ½ cuillère à café de sel + poivre

Pour la salade

- 6 tiges de broccolini ou 2 tasses de bouquets de brocoli
- 2 cuillères à soupe de graines de citrouille (pepitas)
- 3 grandes feuilles de chou frisé, tiges retirées et hachées
- ½ avocat, tranché
- une poignée de feuilles de coriandre fraîche, hachées

- une poignée de feuilles de persil frais, hachées

Pour l'habillage

- 3 cuillères à soupe de jus de citron vert
- 1 petite gousse d'ail finement coupée en dés ou râpée
- 3 cuillères à soupe d'huile d'olive extra vierge
- 1 cuillère à café de miel brut
- $\frac{1}{2}$ cuillère à café de moutarde complète ou de Dijon
- $\frac{1}{2}$ cuillère à café de sel de mer et de poivre

les directions

a) Chauffer le ghee ou l'huile de noix de coco dans une petite poêle à feu moyen-vif. Ajouter l'oignon et faire sauter à feu moyen pendant 4-5 minutes, jusqu'à ce qu'il soit doré. Ajouter le poulet haché et l'ail et remuer pendant 2-3 minutes à feu moyen-vif, en le brisant.

b) Ajouter le curcuma, le zeste de citron vert, le jus de citron vert, le sel et le poivre et cuire, en remuant fréquemment, pendant 3 à 4 minutes supplémentaires. Réserver le hachis cuit.

c) Pendant que le poulet cuit, porter une petite casserole d'eau à ébullition. Ajouter les broccolini et cuire 2 minutes. Rincer sous l'eau froide et couper en 3-4 morceaux chacun.

d) Ajouter les graines de citrouille dans la poêle à frire du poulet et faire griller à feu moyen pendant 2 minutes, en remuant fréquemment pour éviter de brûler. Assaisonner avec un peu de sel. Mettre de côté. Les graines de citrouille crues peuvent également être utilisées.

e) Placer le chou frisé haché dans un saladier et verser sur la vinaigrette. À l'aide de vos mains, mélangez et massez le chou frisé avec la vinaigrette. Cela adoucira le chou frisé, un peu comme ce que le jus d'agrumes fait pour le poisson ou le carpaccio de bœuf - il le "cuit" légèrement.

f) Enfin, mélangez le poulet cuit, le broccolini, les herbes fraîches, les graines de citrouille et les tranches d'avocat.

37. Salade de saumon au four avec vinaigrette crémeuse à la menthe

Pour 1

- 1 filet de saumon (130g)
- 40g de feuilles de salade mélangées
- 40 g de jeunes pousses d'épinards
- 2 radis, parés et tranchés finement
- 5 cm de concombre (50 g), coupé en morceaux
- 2 oignons nouveaux, parés et tranchés
- 1 petite poignée (10 g) de persil haché grossièrement

Pour la vinaigrette :

- 1 cuillère à café de mayonnaise faible en gras
- 1 cuillères à soupe de yaourt nature
- 1 cuillères à soupe de vinaigre de riz
- 2 feuilles de menthe, finement hachées
- Sel et poivre noir fraîchement moulu

a) Préchauffer le four à 200°C (180°C chaleur tournante/Gaz 6).

b) Placer le filet de saumon sur une plaque à pâtisserie et cuire au four pendant 16 à 18 minutes jusqu'à ce qu'il soit juste cuit. Retirer du four et réserver. Le saumon est aussi bon chaud que froid en salade. Si votre saumon a de la peau, faites simplement cuire la peau vers le bas et retirez le saumon de la peau à l'aide d'une tranche de poisson après la cuisson. Il doit glisser facilement une fois cuit.

c) Dans un petit bol, mélanger la mayonnaise, le yaourt, le vinaigre de vin de riz, les feuilles de menthe, le sel et le poivre et laisser reposer au moins 5 minutes pour permettre aux saveurs de se développer.

d) Disposer les feuilles de salade et les épinards sur une assiette de service et garnir avec les radis, le concombre, les oignons nouveaux et le persil. Émietter le saumon cuit sur la salade et arroser de vinaigrette.

38. Granola aux pépites de chocolat

rendement : 9 TASSES

Ingrédients

- ⅓ tasse (0,02 ml) de sirop d'érable pur
- ⅓ tasse (73,33 g) de cassonade claire
- 4 cuillères à café d'extrait de vanille
- ½ cuillère à café (0,5 cuillère à café) de sel
- ½ tasse (109 ml) d'huile végétale
- 5 tasses (405 g) de flocons d'avoine à l'ancienne
- 2 tasses (360 g) de pépites de chocolat

Des instructions

a) Ajustez la grille du four en position médiane supérieure et préchauffez le four à 325 degrés F. Tapisser une plaque à pâtisserie à rebords de papier parchemin; mettre de côté.

b) Dans un grand bol, fouetter ensemble le sirop d'érable, la cassonade, l'extrait de vanille et le sel. Fouetter l'huile végétale pour combiner. Ajouter les flocons d'avoine et les pépites de chocolat et plier le mélange avec une spatule en caoutchouc jusqu'à ce que tous les flocons d'avoine et les pépites de chocolat soient bien enrobés.

c) Versez le mélange d'avoine sur la plaque à pâtisserie préparée et étalez-le en une couche mince et uniforme. À l'aide d'une spatule en métal rigide, comprimez le mélange d'avoine jusqu'à ce qu'il soit très compact.

d) Cuire jusqu'à ce que le dessus soit légèrement doré, 40 à 45 minutes, en tournant la plaque à mi-cuisson. Sortir le granola du four et laisser refroidir sur une grille à température ambiante, environ 1 heure. Cassez le granola refroidi en morceaux aussi gros ou aussi petits que vous le souhaitez. Le granola peut être conservé dans un récipient hermétique à température ambiante jusqu'à 2 semaines.

39. Salade de pâtes au sarrasin

Pour 1

- 50 g de pâtes de sarrasin cuites
- grosse poignée de roquette
- petite poignée de feuilles de basilic
- 8 tomates cerises, coupées en deux
- 1/2 avocat, coupé en dés
- 10 olives
- 1 cuillères à soupe d'huile d'olive extra vierge
- 20 g de pignons de pin

a) Mélanger délicatement tous les ingrédients sauf les pignons de pin et disposer sur une assiette ou dans un bol, puis répartir les pignons de pin sur le dessus.

40. Salade de poulet du couronnement

Pour 1

Ingrédients

- 75 g Yaourt nature
- Jus d'1/4 de citron
- 1 cuillère à café de coriandre, hachée
- 1 cuillère à café de curcuma moulu
- 1/2 cuillère à café de poudre de curry doux
- 100 g Blanc de poulet cuit, coupé en bouchées
- 6 moitiés de noix, hachées finement
- 1 datte Medjool finement hachée
- 20 g Oignon rouge coupé en dés
- 1 piment oiseau
- 40 g Roquette, pour servir

les directions

Mélanger le yaourt, le jus de citron, la coriandre et les épices dans un bol. Ajouter tous les ingrédients restants et servir sur un lit de roquette.

41. Salade de fruits Sirt

Pour 1

- ½ tasse de thé vert fraîchement préparé
- 1 cuillère à café de miel
- 1 orange, coupée en deux
- 1 pomme, évidée et hachée grossièrement
- 10 raisins rouges sans pépins
- 10 myrtilles

a) Incorporer le miel dans une demi-tasse de thé vert. Lorsqu'il est dissous, ajouter le jus de la moitié de l'orange. Laisser refroidir.

b) Hachez l'autre moitié de l'orange et placez-la dans un bol avec la pomme, les raisins et les myrtilles hachés. Verser sur le thé refroidi et laisser infuser quelques minutes avant de servir.

42. Super Salade de Sirt au Saumon

Donne 1

Ingrédients

- roquettes de 50g
- 50g de feuilles de chicorée
- 100 g de tranches de saumon fumé (vous pouvez aussi utiliser des lentilles, du blanc de poulet cuit ou du thon en conserve)
- 80 g d'avocat, pelé, dénoyauté et tranché
- 40 g de céleri coupé en tranches
- 20 g d'oignon rouge, tranché
- 15 g de noix hachées
- 1 cuillère à soupe de câpres
- 1 grosse datte Medjool, dénoyautée et hachée
- 1 cuillère à soupe d'huile d'olive extra vierge
- Jus $\frac{1}{4}$ citron
- 10 g de persil haché
- 10 g de feuilles de livèche ou de céleri hachées

les directions

a) Disposer les feuilles de salade sur une grande assiette. Mélanger tous les ingrédients restants ensemble et servir sur les feuilles.

43. Salade de poulet au sésame

Pour 2

- 1 cuillères à soupe de graines de sésame
- 1 concombre, pelé, coupé en deux dans le sens de la longueur, épépiné avec une cuillère à café et tranché
- 100 g de bébé chou frisé, haché grossièrement
- 60 g de pak choi râpé très finement
- ½ oignon rouge, tranché très finement
- Une grosse poignée (20 g) de persil haché
- 150 g de poulet cuit, effiloché

Pour la vinaigrette :

- 1 cuillères à soupe d'huile d'olive extra vierge
- 1 cuillère à café d'huile de sésame
- Jus de 1 citron vert
- 1 cuillère à café de miel clair
- 2 cuillères à café de sauce soja

a) Faites griller les graines de sésame dans une poêle à sec pendant 2 minutes jusqu'à ce qu'elles soient légèrement dorées et parfumées. Verser dans une assiette pour refroidir.

b) Dans un petit bol, mélanger l'huile d'olive, l'huile de sésame, le jus de lime, le miel et la sauce soya pour faire la vinaigrette.

c) Placer le concombre, le chou frisé, le pak choi, l'oignon rouge et le persil dans un grand bol et mélanger délicatement. Verser sur la vinaigrette et mélanger à nouveau.

d) Répartir la salade dans deux assiettes et garnir avec le poulet effiloché. Saupoudrer de graines de sésame juste avant de servir.

44. Salade d'agrumes

Portions : 2

INGRÉDIENTS:

POUR LA SALADE:

1 orange, pelée et divisée

1 pamplemousse, pelé et haché

2 cuillères à soupe de canneberges séchées non sucrées

3 tasses de laitue frisée mélangée

POUR DRESSER:

2 cuillères à soupe d'huile d'olive (extra-vierge)

2 cuillères à soupe de jus d'orange frais

1 cuillère à café de moutarde de Dijon

½ cuillère à café de miel brut

Sel et poivre noir moulu

DES INSTRUCTIONS:

Pour la salade : Mettre tous les ingrédients dans un saladier et mélanger.

Pour la vinaigrette : Mettez tous les ingrédients dans un autre bol et mélangez bien.

Versez la vinaigrette sur la salade et mélangez. Servir tout de suite.

LA NUTRITION: Calories : 256| Graisse : 14,5 g| Glucides : 31,3 g | Fibre : 4,8 g | Sucres : 16,6 g | Protéines : 4,8 g

45. Salade de fruits mélangés

Portions : 10

INGRÉDIENTS:

5 tasses d'ananas, pelé, évidé et haché

2 grosses mangues, pelées, dénoyautées et hachées

2 grosses pommes Fuji, évidées et hachées

2 grosses poires Bartlett rouges, évidées et hachées

2 cuillères à café de gingembre frais, finement râpé

2 cuillères à soupe de miel brut

$\frac{1}{4}$ tasse de jus de citron frais

2 oranges, pelées et tranchées

DES INSTRUCTIONS:

Mélanger tous les fruits dans un grand bol.

Mélanger le reste des ingrédients dans un petit plat à mélanger et bien fouetter.

Mélanger les fruits combinés avec le mélange de miel pour bien les enrober.

Avant de servir, couvrez le bol et placez-le au réfrigérateur pour refroidir.

LA NUTRITION: Calories : 161| Matières grasses : 0,6 g | Glucides : 41,6 g | Fibre : 5,6 g | Sucres : 33.1g | Protéines : 1,7 g

46. Laitue verte et mélange de graines

Portions : 4

INGRÉDIENTS:

3 cuillères à soupe d'huile d'olive

1½ cuillères à café de gingembre, râpé

1 cuillère à café d'huile de sésame, grillé

3 cuillères à café de miel brut

1 cuillère à soupe d'eau

2 cuillères à soupe de graines de tournesol crues

1 cuillère à soupe de graines de sésame crues

1 cuillère à soupe de graines de citrouille crues

5 onces de chou frais

5 onces de chou frisé, tranché finement

2 cuillères à soupe de vinaigre de cidre de pomme

½ cuillère à café de flocons de piment rouge

DES INSTRUCTIONS:

Pour faire la vinaigrette, placez le gingembre, le vinaigre, les deux huiles, 1 cuillère à café de miel, ¼ de cuillère à café de flocons de piment rouge et le sel dans un bol et battez jusqu'à ce qu'ils soient combinés. Mettre de côté.

Dans un autre bol, ajouter le miel restant, les flocons de piment rouge restants et l'eau et bien mélanger.

Chauffez une poêle moyenne antiadhésive à feu vif et faites cuire toutes les graines en remuant pendant environ 3 minutes.

Incorporer le mélange de miel et cuire, en remuant constamment, pendant environ 3 minutes.

Transférer le mélange de graines sur une feuille de papier sulfurisé et laisser refroidir complètement.

Casser le mélange de graines en petits morceaux.

Dans un grand bol, ajouter les légumes, 2 cuillères à café de vinaigrette et un peu de sel, et bien mélanger.

Frottez les verts avec vos mains pendant environ 30 secondes.

Verser le reste de la vinaigrette dans le bol de légumes et bien mélanger.

Garnir de morceaux de graines.

LA NUTRITION: Calories :181| Matières grasses : 14,8 g | Glucides : 11,9 g | Fibre : 2,3 g| Sucres : 4.5g | Protéines : 3,2 g

47. Salade de haricots noirs et mangue

Portions : 6

INGRÉDIENTS:

POUR LA SALADE:

Boîte de 15 onces de haricots noirs égouttés

2 mangues, pelées, dénoyautées et hachées

½ tasse d'oignon rouge, coupé en dés

2 cuillères à soupe de coriandre fraîche, hachée

POUR DRESSER:

1 morceau de gingembre frais, râpé

2 cuillères à café de zeste d'orange frais, finement râpé

3-4 cuillères à soupe de jus d'orange frais

1 cuillère à soupe de vinaigre de cidre de pomme

2 cuillères à café d'huile d'olive (extra-vierge)

¼ cuillère à café de flocons de piment rouge, broyés

DES INSTRUCTIONS:

Mélanger tous les ingrédients de la salade dans un grand bol à mélanger.

Dans un autre bol, ajouter tous les ingrédients de la vinaigrette et battre jusqu'à ce qu'ils soient bien mélangés.

Verser la vinaigrette sur le mélange de haricots et remuer jusqu'à ce que le tout soit bien mélangé.

Sers immédiatement.

LA NUTRITION: Calories : 284| Matières grasses : 2,8 g | Glucides : 53,7 g | Fibre : 14,9 g | Sucres : 16,4 g | Protéines : 14,1 g

48. Salade de lentilles et pommes

Portions : 10

INGRÉDIENTS:

POUR LA SALADE:

2 tasses de lentilles vertes françaises

4 pommes Granny Smith, évidées et hachées

½ tasse de graines de tournesol non salées, grillées

½ tasse de coriandre fraîche, hachée

POUR LA VINAIGRETTE :

2 cuillères à café de gingembre frais, râpé

2 cuillères à café de miel brut

½ tasse de jus de citron vert frais

½ tasse d'huile d'olive (extra-vierge)

Sel et poivre noir moulu

DES INSTRUCTIONS:

Dans une grande casserole d'eau, ajouter les lentilles à feu vif et porter à ébullition.

Réduire le feu à doux et cuire 22 à 25 minutes, couvert.

Égouttez entièrement et placez dans un grand bol à mélanger pour refroidir.

Mélanger les ingrédients restants de la salade dans un grand bol à mélanger.

Dans un autre bol, ajouter tous les ingrédients de la vinaigrette et battre jusqu'à ce qu'ils soient bien mélangés.

Verser la vinaigrette sur le mélange de lentilles et remuer jusqu'à consistance homogène.

Sers immédiatement.

LA NUTRITION: Calories :254| Matières grasses : 11,7 g | Glucides : 28,2 g | Fibre : 12,5 g | Sucres : 4,3 g | Protéines : 10,5 g

49. Salade d'épinards et noix

Portions : 4

INGRÉDIENTS:

4 tasses de bébés épinards frais

¼ tasse de noix hachées

¼ tasse de vinaigrette aux framboises

Canneberges/Pommes tranchées (facultatif)

DES INSTRUCTIONS:

Dans un bol moyen, mélanger les épinards et les noix.

Garnir de vinaigrette et servir immédiatement.

LA NUTRITION: Calories : 501| matières grasses totales : 50 g | Glucides totaux : 9 g| sucre : 2 g| fibre : 5g | Protéines : 11 g

50. Salade de baies au gingembre

Portions : 4

INGRÉDIENTS:

le zeste et le jus d'1 orange

1 tasse de framboises fraîches

1 tasse de fraises fraîches

1 tasse de bleuets frais

1 cuillère à soupe de gingembre râpé

DES INSTRUCTIONS:

Dans un bol moyen, mélanger les bleuets, les framboises, les fraises, le gingembre, le zeste d'orange et le jus d'orange.

LA NUTRITION: Calories :75| matières grasses totales : 1 g| Glucides totaux : 18 g | sucre : 11 g| fibre : 5g | Protéine : 1 g

51. Salade de tomates et basilic

Portions : 4

INGRÉDIENTS:

4 grosses tomates anciennes, hachées

¼ tasse de feuilles de basilic frais, déchirées

2 gousses d'ail, écrasées

¼ tasse d'huile d'olive (extra-vierge)

½ cuillères à café de sel de mer

¼ cuillère à café de poivre noir, fraîchement moulu

DES INSTRUCTIONS:

Dans un bol moyen, mélanger délicatement les tomates, le basilic, l'ail, l'huile d'olive, le sel et le poivre.

LA NUTRITION: Calories :140| matières grasses totales : 14 g | Glucides totaux : 4g | sucre : 3g | fibre : 1g| Protéine : 1 g

52. Salade de poires et noix

Portions : 4

INGRÉDIENTS:

¼ tasse de noix, hachées

4 poires, pelées et hachées

2 cuillères à soupe de vinaigre balsamique

2 cuillères à soupe d'huile d'olive (extra-vierge)

2 cuillères à soupe de miel

DES INSTRUCTIONS:

Dans un bol moyen, mélanger les poires et les noix.

Fouetter ensemble le miel, le vinaigre balsamique et l'huile d'olive dans un petit bol.

Mélanger les poires et les noix dans un bol.

LA NUTRITION: Calories : 263| matières grasses totales : 12 g | Glucides totaux : 41 g| sucre : 29 g | fibres alimentaires : 7 g| Protéines : 3 g

53. Salade de pois chiches

Portions : 4

INGRÉDIENTS :

2 cuillères à soupe d'huile d'olive

2 (19 onces) de pois chiches en conserve

1 carotte, râpée

1/2 oignon rouge, coupé en dés

1/2 clochette verte, coupée en dés

1/4 tasse de jus de citron

Pincée de sel

Pincée de poivre noir, fraîchement moulu

1/4 tasse de feuilles de persil

DES INSTRUCTIONS :

Dans un grand plat à mélanger, combiner tous les ingrédients et bien mélanger.

LA NUTRITION : Calories 302 | Gras 17g | Gras saturés 4g | Glucides 27g | Fibres 8g | Protéines 10g

PLAT D'ACCOMPAGNEMENT

54. Champignons et épinards

Portions : 2

INGRÉDIENTS:

1 cuillère à café d'huile de noix de coco

5-6 champignons, tranchés

2 cuillères à soupe d'huile d'olive

½ oignon rouge, tranché

1 gousse d'ail, hachée

½ cuillère à café de zeste de citron frais, finement râpé

¼ tasse de tomates cerises, tranchées

Pincée de muscade moulue

3 tasses d'épinards frais, râpés

½ cuillères à soupe de jus de citron frais

Pincée de sel

Pincée de poivre noir moulu

DES INSTRUCTIONS:

Faire fondre l'huile de noix de coco dans une poêle à feu moyen et faire sauter les champignons pendant environ 3-4 minutes.

Placer les champignons dans un bol à mélanger et réserver.

Faire chauffer l'huile d'olive dans la même poêle à feu vif et faire revenir l'oignon environ 2-3 minutes.

Ajouter l'ail, le zeste de citron et les tomates, le sel et le poivre noir et cuire environ 2-3 minutes, en écrasant légèrement les tomates avec une spatule.

Cuire environ 2-3 minutes après avoir ajouté les épinards.

Incorporer les champignons et le jus de citron et retirer du feu.

LA NUTRITION: Calories : 179| Matières grasses : 16,8 g | Glucides : 7,3 g | Fibre : 2,4 g| Sucres : 2,9 g | Protéines : 3,4 g

55. Pommes sautées au gingembre

Portions : 4

INGRÉDIENTS:

3 pommes, pelées, évidées et tranchées

1 cuillère à soupe de gingembre frais râpé

1 cuillère à café de cannelle moulue

3,5 onces. Poudre de stévia

pincée de sel de mer

2 cuillères à soupe d'huile de noix de coco

DES INSTRUCTIONS:

Dans une grande poêle antiadhésive à feu moyen-vif, chauffer l'huile de noix de coco jusqu'à frémissement.

Ajouter les pommes, le gingembre, la cannelle, la stévia et le sel.

Cuire, en remuant périodiquement, pendant 7 à 10 minutes, ou jusqu'à ce que les pommes soient tendres.

LA NUTRITION: Calories :152| matières grasses totales : 7 g | Glucides totaux : 24 g | sucre : 18g | fibre : 5g | protéines : 1g

56. Épinards aux agrumes

Portions : 4

INGRÉDIENTS:

2 cuillères à soupe d'huile d'olive (extra-vierge)

4 tasses de bébés épinards frais

2 gousses d'ail, écrasées

Jus de ½ orange

Le zeste d'une ½ orange

½ cuillères à café de sel de mer

⅛ cuillère à café de poivre noir, fraîchement moulu

DES INSTRUCTIONS:

Faire chauffer l'huile d'olive dans une poêle à feu vif jusqu'à ce qu'elle commence à frémir. Cuire, en remuant périodiquement, pendant 3 minutes après avoir ajouté les épinards.

L'ail devrait être ajouté maintenant. Cuire 30 secondes en remuant constamment. Ajouter le jus d'orange, le zeste d'orange, le sel et le poivre.

Cuire en remuant constamment jusqu'à ce que les jus se soient évaporés, environ 2 minutes.

LA NUTRITION: Calories :80| matières grasses totales : 7 g | Glucides totaux : 4g | sucre : 2 g| fibre : 1g| Protéine : 1 g

57. Patates douces au romarin

Portions : 4

INGRÉDIENTS:

2 cuillères à soupe d'huile d'olive (extra-vierge)

2 patates douces, coupées en cubes de ½ pouce

1 cuillère à soupe de feuilles de romarin frais hachées

½ cuillères à café de sel de mer

3 gousses d'ail, écrasées

¼ cuillère à café de poivre noir, fraîchement moulu

DES INSTRUCTIONS:

Dans une grande poêle antiadhésive à feu moyen-élevé, chauffer l'huile d'olive jusqu'à frémissement. Ajouter les patates douces, le romarin et le sel.

Cuire, en remuant de temps en temps jusqu'à ce que les patates douces commencent à dorer, 10 à 15 minutes.

Ajouter l'ail et le poivre. Cuire 30 secondes en remuant constamment.

LA NUTRITION: Calories :199| matières grasses totales : 7 g | Glucides totaux : 33 g | Sucre : 1g | fibre : 5g | Protéines : 2 g

58. Haricots balsamiques aux amandes

Portions : 4

INGRÉDIENTS:

1 livre de haricots verts nettoyés

1 cuillère à soupe d'huile d'olive

2 cuillères à soupe d'amandes moulues

1½ cuillères à soupe de vinaigre balsamique

DES INSTRUCTIONS:

Placez les haricots verts dans une grande casserole avec environ 1/2 tasse d'eau. Réglez le brûleur à feu moyen-vif et couvrez avec un couvercle.

Laissez les haricots verts cuire à la vapeur pendant deux à quatre minutes. Découvrir et réduire le feu à moyen. Ajouter l'huile d'olive et faire revenir environ 1 minute.

Ajouter le vinaigre balsamique et poursuivre la cuisson. Ajouter les amandes effilées juste avant d'atteindre la cuisson désirée. Retirer du feu et servir.

LA NUTRITION: Calories : 316|Gras : 27 g|Gras saturés : 3g|Glucides : 15g|Fibres : 6g|Protéines : 8g

59. Riz brun et poivrons

Portions : 4

INGRÉDIENTS:

2 cuillères à soupe de sauce soja

2 cuillères à soupe d'huile d'olive (extra-vierge)

2 tasses de riz brun cuit

1 poivron rouge, haché

1 poivron, haché

1 oignon, coupé en dés

DES INSTRUCTIONS:

Dans une grande poêle antiadhésive à feu moyen-élevé, chauffer l'huile d'olive jusqu'à frémissement. Ajouter les poivrons rouges et verts et l'oignon.

Cuire, en remuant fréquemment, jusqu'à ce que les légumes commencent à dorer, environ 7 minutes.

Ajouter le riz et la sauce soja. Cuire, en remuant constamment, jusqu'à ce que le riz soit chaud, environ 3 minutes.

LA NUTRITION: Calories : 266 | Matières grasses totales : 8 g| Glucides totaux : 44 g | Fibre : 3g | Protéines : 5 g

60. Chou-fleur rôti au curcuma

Portions : 5

INGRÉDIENTS :

2 cuillères à café de jus de citron

3 cuillères à soupe d'huile d'olive (extra-vierge)

1 ½ cuillère à café de curcuma moulu

½ cuillère à café de cumin moulu

½ cuillère à café de sel

½ cuillère à café de poivre moulu

2 grosses gousses d'ail, écrasées

8 tasses de bouquets de chou-fleur

DES INSTRUCTIONS :

Préchauffer le four à 425 degrés Fahrenheit.

Fouetter ensemble l'huile, le curcuma, le cumin, le sel, le poivre et l'ail dans un grand bol. Ajouter le chou-fleur et remuer. Placer sur une grande plaque à pâtisserie à rebords. Rôtir, en remuant une fois, jusqu'à ce qu'ils soient dorés et tendres, de 15 à 25 minutes. Verser le jus de citron sur le chou-fleur.

LA NUTRITION:124 calories | Protéine 3.5g| glucides 9,6 g | fibres alimentaires 3.7g | sucre 3.3g | gras 8.9g | gras saturés 1,4 g

61. Pommes de terre spanakopita

Portions : 8

INGRÉDIENTS:

4 pommes de terre Russet moyennes, lavées

1 cuillère à soupe d'huile d'olive, extra-vierge

1 livre d'épinards frais, hachés

3 gousses d'ail, écrasées

1 cuillère à soupe d'origan

⅓ tasse de fromage à la crème léger

¾ cuillère à café de poivre moulu

¼ cuillère à café de sel casher

1 tasse de fromage feta émietté

1 tasse d'oignon, coupé en dés

DES INSTRUCTIONS:

Préchauffer le four à 400 degrés F.

Cuire directement sur la grille du milieu jusqu'à tendreté, 50 à 60 minutes.

Entre-temps, dans une grande casserole à feu moyen-élevé, chauffer l'huile.

Ajouter l'oignon et cuire, en remuant de temps en temps, jusqu'à ce que l'oignon soit tendre, de 2 à 4 minutes.

Ajouter les épinards, l'ail et l'origan.

Cuire, en remuant constamment, jusqu'à ce que le mélange soit chaud, environ 4 minutes.

Préchauffer le four à 375 degrés Fahrenheit.

Dans une poêle de 9 x 13 pouces, disposer les peaux de pommes de terre.

Dans un plat à gratin, mélanger le cream cheese, le poivre et le sel. Utilisez un batteur à main pour combiner les ingrédients.

Incorporer le mélange d'épinards et 1/2 tasse de feta. Remplissez chaque peau de pomme de terre avec environ 3/4 tasse de garniture. Saupoudrer la cuillère à soupe restante de feta sur le dessus.

Cuire au four jusqu'à ce que la garniture fume et que la feta soit dorée, de 25 à 35 minutes.

LA NUTRITION: 197 calories| Protéine 7.8g | glucides 24.2g | fibres alimentaires 3.7g | sucre 3,1 g | gras 8.3g | graisses saturées 4.3g

62. Épinards frits

Portions : 4

INGRÉDIENTS :

2 cuillères à café d'huile d'olive (extra-vierge)

1 petit oignon, coupé en dés

1 gousse d'ail, hachée

1 livre de feuilles d'épinards surgelées, tranchées

¼ tasse de groseilles

2 cuillères à soupe de pignons de pin, grillés

Vinaigre balsamique, au goût

Sel et poivre fraîchement moulu au goût

DES INSTRUCTIONS :

Faire chauffer l'huile dans une poêle| Ajouter l'oignon et l'ail et faire sauter jusqu'à ce qu'ils commencent à ramollir. Cuire, en remuant périodiquement jusqu'à ce que les épinards soient bien chauds.

Incorporer les raisins de Corinthe, les pignons de pin, un trait de vinaigre balsamique, du sel et du poivre.

LA NUTRITION: 117 calories| protéine 5.3g | glucides 14,2 g | fibres alimentaires 4.4g | sucre 8g | gras 5.9g | gras saturés 0,6 g

63. Carottes rôties au cumin

Portions : 8

INGRÉDIENTS:

2 cuillères à soupe d'huile d'olive (extra-vierge)

zeste de citron et jus de citron de 1 citron

4 cuillères à soupe d'huile de noix de coco fondue

$\frac{3}{4}$ cuillère à café de sel casher

$\frac{1}{2}$ cuillère à café de cumin moulu

$\frac{1}{4}$ tasse de miel

2 cuillères à soupe de graines de cumin, écrasées

2 cuillères à café de graines de coriandre, écrasées

2 cuillères à café de paprika fumé

$\frac{1}{2}$ cuillère à café de poivre moulu

2 cuillères à soupe d'ail haché plus 2 cuillères à café

2 cuillères à café de jus de citron vert

3 livres de carottes petites ou moyennes

2 tasses de yogourt grec nature faible en gras

½ tasse d'aneth frais haché

3 cuillères à soupe de mayonnaise légère

Ciboulette fraîche et zeste de citron vert pour la garniture

½ tasse de pépites de graines

DES INSTRUCTIONS:

Préchauffer le four à 325°F.

Dans un bol moyen, mélanger les Pepitas, 1 cuillère à soupe d'huile de noix de coco, 1/4 cuillères à café de sel et le cumin moulu. Étendre en une couche uniforme sur le moule préparé.

Cuire les Pepitas, en remuant une fois, jusqu'à ce qu'ils soient dorés et grillés de 10 à 12 minutes.

Augmenter la température du four à 425°.

Chauffez les 3 cuillères à soupe restantes d'huile de noix de coco, de miel, de cumin, de graines de coriandre, 1 cuillère à café de paprika, de poivre et 1/4 de cuillères à café de sel dans une petite casserole à feu moyen-élevé, jusqu'à ce qu'elles soient parfumées, environ 2 minutes.

Retirer la casserole du feu et ajouter 2 cuillères à soupe d'ail et de jus de citron vert.

Placer les carottes sur une grande plaque à pâtisserie ou une poêle à rebords, verser sur le mélange de miel et bien mélanger. Étaler en une couche uniforme. Faire rôtir les carottes, en les retournant à mi-cuisson, jusqu'à ce qu'elles soient tendres et légèrement dorées, environ 40 minutes.

Pendant ce temps, dans un bol moyen, fouetter ensemble le yaourt, l'aneth, la mayonnaise, l'huile d'olive, le zeste de citron, le jus de citron, les 2 cuillères à café d'ail restantes, 1 cuillère à soupe de paprika et 1/4 de cuillère à café de sel.

Servir les carottes avec la sauce et les Pepitas. Garnir de ciboulette et de zeste de lime, si désiré.

LA NUTRITION: 316 calories| gras 18g | glucides 30g | fibres alimentaires 6g | Protéine 10g | Acides gras saturés 7g

SMOOTHIES et JUS

64. Jus de raisin et de melon

Pour 1

- ½ concombre, pelé si vous préférez, coupé en deux, les graines retirées et haché grossièrement
- 30 g de jeunes feuilles d'épinards, tiges retirées
- 100 g de raisins rouges sans pépins
- 100 g de melon cantaloup, pelé, épépiné et coupé en morceaux

1 Mélanger dans un presse-agrumes ou un mélangeur jusqu'à consistance lisse.

65. Smoothie au thé vert

Pour 2

- 2 bananes mûres
- 250 ml de lait
- 2 cuillères à café de poudre de thé vert matcha
- 1/2 cuillère à café de pâte de gousse de vanille (pas d'extrait) ou un petit grattage des graines d'une gousse de vanille
- 6 glaçons
- 2 cuillères à café de miel

a) Mélangez simplement tous les ingrédients ensemble dans un mélangeur et servez dans deux verres.

66. Smoothies Kale Et Cassis

Pour 2

- 2 cuillères à café de miel
- 1 tasse de thé vert fraîchement préparé
- 10 jeunes feuilles de chou frisé, tiges retirées
- 1 banane mûre
- 40 g de cassis lavés et équeutés
- 6 glaçons

Incorporer le miel dans le thé vert chaud jusqu'à dissolution. Passer tous les ingrédients ensemble dans un mélangeur jusqu'à consistance lisse. Sers immédiatement.

67. Smoothie glacé aux bleuets

Ingrédients:

- 1 tasse de bleuets surgelés
- 8 onces. yaourt sans gras
- lait pour éclaircir (Écrémer c'est bien)

les directions

a) Passer au mélangeur.

b) Parce que les baies sont congelées, le résultat ressemble presque à un malt.

68. Smoothie banane myrtille

Ingrédients:

- 1 banane moyenne mûre
- 3/4 tasse de bleuets frais ou surgelés
- 1/4 tasse de yogourt à la vanille sans gras
- 3/4 tasse de lait écrémé
- pincée de cannelle (si désiré)
- 1/2 tasse de glace pilée

les directions

a) Mélanger tous les ingrédients dans un mélangeur et réduire en purée jusqu'à consistance lisse. Pour 2

69. Smoothie aux myrtilles

Ingrédients:

- 1/2 banane congelée
- 1/4-1/2 tasse de bleuets surgelés
- 1/2-3/4 tasse de crème vanille
- 1/2 cuillère à café d'extrait de vanille
- 1 sachet d'édulcorant

les directions

a) Versez le tout dans le mélangeur et mixez jusqu'à consistance crémeuse.

70. Smoothie au babeurre et aux bleuets

Ingrédients:

- 1 banane, mûre, pelée et coupée en morceaux
- 1/2 tasse de bleuets surgelés
- 1 cuillère à soupe de sucre granulé
- 4 glaçons
- 1 tasse de babeurre

les directions

a) Placer tous les ingrédients dans le mélangeur et mélanger jusqu'à consistance lisse.

b) Pour 2

71. Smoothie aux bleuets et à l'ananas

Ingrédients:

- 2 tasses de bleuets frais ou surgelés réfrigérés, légèrement décongelés
- 1 tasse de jus d'ananas-orange réfrigéré ou de jus d'ananas-orange-fraise
- 1 carton de 8 onces de yogourt sans gras à la vanille
- 1 cuillère à soupe de sucre

les directions

a) Dans un récipient mélangeur, combiner tous les ingrédients. Couvrir et mélanger pendant 1 à 2 minutes ou jusqu'à ce que le mélange soit presque lisse.

b) Donne 3 portions.

72. Smoothie myrtille orange

Ingrédients:

- 1/4 tasse de jus d'orange
- 1/2 tasse de yogourt nature faible en gras
- 1/2 tasse de bleuets lavés et équeutés
- Miel, à gouter

les directions

a) Placer tous les ingrédients dans un mélangeur.

b) Mélanger à haute vitesse jusqu'à consistance lisse.

73. Smoothie torsadé aux bleuets

Ingrédients:

- 2 tasses de bleuets frais
- 1 tasse de jus d'ananas et d'orange
- 1- yogourt à la vanille de 8 onces
- 2 cuillères à café de sucre ou de miel

les directions

a) Mettre le tout dans un blender.

b) Mélanger jusqu'à consistance lisse! Sers immédiatement. Pour 2.

74. Smoothie aux bleuets et aux baies de Boysen

Ingrédients:

- 1 1/2 tasse de jus de mûre de Boysen ou de mûre
- 1 tasse de mûres de Boysen ou de mûres
- 1 tasse de bleuets, surgelés

les directions

a) Placer tous les ingrédients dans le mélangeur et mélanger jusqu'à consistance lisse.

b) Pour 2

75. Smoothie framboise cantaloup

Ingrédients:

- 1/2 cantaloup - pelé, épépiné et coupé en cubes
- 1/2 tasse de yogourt nature
- 1 tasse de framboises
- 3 cuillères à soupe de sucre blanc

les directions

a) Dans un mélangeur, mélanger les morceaux de cantaloup, le yogourt, les framboises et le sucre.

b) Mélanger jusqu'à consistance lisse. Verser dans des verres et servir. Serveurs 2.

76. Smoothie colossal aux canneberges

Ingrédients:

- 1 1/2 tasse de jus de canneberges et de framboises
- 2 tasses de baies mélangées surgelées
- 1 1/2 tasse de yogourt glacé à la vanille sans gras

les directions

a) Mettre tous les ingrédients dans le mélangeur et mélanger jusqu'à consistance lisse.

b) Pour 2

77. Smoothie aux canneberges et à l'orange

Ingrédients:

- 1 tasse de jus de canneberge
- 1/2 tasse de sorbet à saveur de framboise
- 1 cuillère à soupe de concentré de jus d'orange
- 1 1/2 tasse de quartiers d'orange
- 1/2 tasse de canneberges fraîches ou de cerises

les directions

a) Mélanger le jus de canneberge, le sorbet et le concentré de jus d'orange dans un mélangeur. Ajouter les quartiers d'orange et les canneberges. Mélanger jusqu'à consistance lisse.

b) Pour 2

78. Smoothie crémeux aux bleuets

Ingrédients:

- 6 onces. yogourt aux bleuets léger (réduit en sucre) sans gras, congelé
- 1 tasse de bleuets, frais
- 1 tasse de lait écrémé

les directions

a) Mettez tous les ingrédients dans le mélangeur.

b) Mélangez jusqu'à ce que la consistance du smoothie soit atteinte ! 1/2 tasse de bleuets congelés peuvent être ajoutés pour le rendre plus épais.

79. Smoothie rapide pour le petit-déjeuner

- 16 onces. Yogourt aux bleuets ou aux fraises faible en gras

Ingrédients:

- 1 1/4 T de lait écrémé
- 3/4 T de bleuets ou de fraises frais ou surgelés
- 3 cuillères à soupe de poudre de lait en poudre
- 2 cuillères à café de miel

les directions

a) Dans un mélangeur, mélanger jusqu'à consistance lisse. Bonne santé : baisse du cholestérol, immunité renforcée, fait 4.

b) Peut se congeler, laisser au frigo. décongeler pendant la nuit, bien mélanger avant de boire.

80. Smoothie aux baies riche en fibres

Ingrédients:

- 1 tasse de mûres
- 1 tasse de fraises équeutées et coupées en deux
- 1 tasse de bleuets
- 1 tasse de lait de soja à la vanille faible en gras 1/8 cuillère à café de cannelle moulue
- 3 glaçons

les directions

a) Mélanger tous les ingrédients dans un mélangeur et fouetter jusqu'à consistance lisse. Si les baies ne sont pas complètement mûres, ajoutez un peu de miel ou de substitut de sucre pour plus de douceur.

b) pour 2

81. Smoothie kiwi fraise

Ingrédients:

- 3 kiwis pelés
- 1 tasse de tranches de banane congelées
- 3/4 tasse de jus d'ananas
- 1/2 tasse de fraises surgelées

les directions

a) Mettez tous les ingrédients dans le mélangeur.

b) Mélangez jusqu'à ce que la consistance du smoothie soit atteinte !

82. Smoothie yaourt citron fraise

Ingrédients:

- 1 tasse de yogourt à la vanille sans gras
- 1/2 tasse de jus d'orange
- 1 1/2 tasse de fraises
- 1/2 tasse de glace pilée
- 1 cuillère à soupe de jus de citron
- 1/2 cuillère à café de zeste de citron

les directions

a) Mélanger le tout au mélangeur jusqu'à consistance lisse.

b) Pour 1 (grand)

83. Smoothie aux nectarines et aux baies

Ingrédients:

- 1 nectarine, dénoyautée
- 3/4 tasse de fraises, équeutées
- 3/4 tasse de bleuets, rincés et égouttés
- 1/3 tasse de lait en poudre sans gras
- 1 tasse de glace pilée

les directions

a) Dans un mélangeur, combiner la nectarine, les fraises, les myrtilles, le lait en poudre et la glace pilée. Mélanger jusqu'à consistance lisse. verser dans des verres et servir.

b) pour 2

84. Smoothie fraise banane sans gras

Ingrédients:

- 1 tasse de fraises fraîches
- 1 banane
- 1 tasse de yogourt sans gras
- 1 sachet de sucre ou succédané de sucre
- 2 tasses de glace

les directions

a) Mixer jusqu'à consistance crémeuse

85. Smoothie aux baies de papaye

Ingrédients:

- 1 banane congelée (la congeler rend la boisson super froide sans la diluer avec de la glace)
- 1/2 papaye fraîche
- 10-12 framboises (fraîches ou surgelées)
- 1/2 tasse d'eau ou de jus de fruits
- 1 cuillères à soupe de germe de blé grillé (facultatif)

les directions

a) Réduire en purée au mélangeur 30 à 45 secondes.

b) fait environ seize onces délicieuses, nourrissantes, végétaliennes et nutritives

86. Papaye framboise banane

Ingrédients:

- 1 banane congelée, pelée
- 1/2 papaye fraîche
- 10-12 framboises (fraîches ou surgelées)
- 1/2 tasse d'eau ou de jus de fruits

les directions

a) Mettez tous les ingrédients dans le mélangeur.

b) Mélangez jusqu'à ce que la consistance du smoothie soit atteinte !

87. Smoothie aux pêches et aux baies

Ingrédients:

- 1 tasse de yogourt aux pêches sans gras
- 3/4 tasse de nectar de pêche
- 1/2 tasse de framboises
- 1 1/2 tasse de pêches moyennes mûres, coupées en dés

les directions

a) Mélanger le yaourt et le nectar dans un mélangeur. Ajouter les framboises et les pêches. Mélanger jusqu'à consistance lisse.

b) Pour 2

88. Smoothie aux baies d'ananas

Ingrédients:

- 1 tasse de jus d'orange
- 1/4 tasse de jus d'ananas
- 2 rondelles d'ananas (tranches d'ananas Dole)
- 6 fraises fraîches
- 12-15 framboises surgelées
- 8-10 mûres de Boysen surgelées
- 12-15 myrtilles surgelées
- 3 onces. yogourt sans gras, n'importe quelle saveur
- Glace (quelle que soit la quantité que vous préférez pour la consistance)

les directions

a) Mettez tous les ingrédients dans le mélangeur.

b) Bien mélanger jusqu'à ce que la consistance du smoothie soit atteinte !

DESSERTS

89. Gelée de Framboise et Cassis

Pour 2

- 100 g de framboises lavées
- 2 feuilles de gélatine
- 100 g de cassis lavés et équeutés
- 2 cuillères à soupe de sucre granulé
- 300 ml d'eau

a) Disposez les framboises dans deux plats de service/verres/moules. Mettez les feuilles de gélatine dans un bol d'eau froide pour ramollir.

b) Mettre les cassis dans une petite casserole avec le sucre et 100 ml d'eau et porter à ébullition. Laisser mijoter vigoureusement pendant 5 minutes puis retirer du feu. Laisser reposer 2 minutes.

c) Essorez l'excès d'eau des feuilles de gélatine et ajoutez-les dans la casserole. Remuer jusqu'à dissolution complète, puis incorporer le reste de l'eau. Verser le liquide dans les plats préparés et réfrigérer pour prendre. Les gelées devraient être prêtes dans environ 3-4 heures ou pendant la nuit.

90. Cupcakes au chocolat avec glaçage au matcha

DONNE 12

- 150 g de farine auto-levante
- 200g de sucre semoule
- 60g de cacao
- ½ cuillère à café de sel
- ½ cuillère à café de café expresso fin, décaféiné si préféré
- 120 ml de lait
- ½ cuillère à café d'extrait de vanille
- 50 ml d'huile végétale
- 1 oeuf
- 120 ml d'eau bouillante

Pour le glaçage :

- 50 g de beurre, à température ambiante
- 50g de sucre glace
- 1 cuillère à soupe de poudre de thé vert matcha
- ½ cuillère à café de pâte de gousse de vanille
- 50 g de fromage frais à pâte molle

a) Préchauffer le four à 180C/160C ventilateur. Tapisser un moule à cupcakes de caissettes en papier ou en silicone.

b) Mettre la farine, le sucre, le cacao, le sel et la poudre d'espresso dans un grand bol et bien mélanger.

c) Ajouter le lait, l'extrait de vanille, l'huile végétale et l'œuf aux ingrédients secs et utiliser un batteur électrique pour battre jusqu'à ce que le tout soit bien mélangé.

d) Verser délicatement l'eau bouillante lentement et battre à basse vitesse jusqu'à ce que tout soit bien mélangé. Utilisez une vitesse élevée pour battre pendant une minute supplémentaire pour ajouter de l'air à la pâte. La pâte est beaucoup plus liquide qu'un mélange à gâteau normal. Ayez confiance, ce sera un goût incroyable!

e) Répartir la pâte uniformément entre les caissettes. Chaque caissette ne doit pas être remplie à plus des $\frac{3}{4}$. Cuire au four pendant 15 à 18 minutes, jusqu'à ce que le mélange rebondisse lorsqu'on le tape. Retirer du four et laisser refroidir complètement avant de glacer.

f) Pour faire le glaçage, crémez le beurre et le sucre glace jusqu'à ce qu'ils soient pâles et lisses. Ajouter la poudre de matcha et la vanille et remuer à nouveau. Ajouter enfin le fromage à la crème et battre jusqu'à consistance lisse. Pocher ou étaler sur les gâteaux.

91. Granité aux baies assorties

Portions : 4

INGRÉDIENTS :

½ tasse de fraises fraîches, pelées et tranchées

½ tasse de framboises fraîches

½ tasse de bleuets frais

½ tasse de mûres fraîches

1 cuillère à soupe de sirop d'érable

1 cuillère à soupe de jus de citron frais

1 tasse de glaçons, broyés

DES INSTRUCTIONS :

Placer les baies, le sirop d'érable, le jus de citron et les glaçons dans un mélangeur à haute vitesse et mélanger à haute vitesse jusqu'à consistance lisse.

Transférer le mélange de baies dans un plat allant au four de 8 x 8 pouces, étaler uniformément et congeler pendant au moins 30 minutes.

Sortir du congélateur et remuer complètement le granité à la fourchette. Congeler pendant 2-3 heures en remuant toutes les 30 minutes.

92. Glace à la citrouille

Portions : 6

INGRÉDIENTS:

15 onces de purée de citrouille maison

½ tasse de dattes, dénoyautées et hachées

2 boîtes (14 onces) de lait de coco non sucré

½ cuillère à café d'extrait de vanille bio

1½ cuillères à café d'épices pour tarte à la citrouille

½ cuillère à café de cannelle moulue

DES INSTRUCTIONS:

Dans un mélangeur, combiner tous les ingrédients et mélanger jusqu'à consistance lisse. Placer au congélateur jusqu'à 2 heures dans un récipient hermétique.

Remplissez une sorbetière à moitié avec le mélange et procédez selon les instructions de la sorbetière. Remettre la glace dans le récipient hermétique et congeler environ 1 à 2 heures avant de servir.

93. Dessert fruité glacé

Portions : 6

INGRÉDIENTS:

Boîte de 14 onces de lait de coco

1 tasse de morceaux d'ananas surgelés, décongelés

4 tasses de tranches de bananes surgelées, décongelées

2 cuillères à soupe de jus de citron vert frais

pincée de sel

DES INSTRUCTIONS:

Tapisser une cocotte en verre de film plastique.

Dans un mélangeur haute puissance, combiner tous les ingrédients et mélanger jusqu'à consistance lisse.

Remplir la cocotte préparée à parts égales avec le mélange.

Avant de servir, congeler environ 40 minutes.

94. Pouding à l'avocat

Portions : 4

INGRÉDIENTS:

2 tasses de bananes, pelées et hachées

2 avocats mûrs, pelés et hachés

1 cuillère à café de zeste de citron vert, finement râpé

1 cuillère à café de zeste de citron, finement râpé

½ tasse de jus de citron vert frais

1/3 tasse de miel

¼ tasse de noix, hachées

½ tasse de jus de citron

DES INSTRUCTIONS:

Dans un mélangeur haute puissance, combiner tous les ingrédients et mélanger jusqu'à consistance lisse. Verser la mousse dans 4 verres de service.

Réfrigérer pendant 2-3 heures avant de servir.

95. Crème de potiron

Portions : 6

INGRÉDIENTS:

1 tasse de citrouille en conserve

1 cuillère à café de cannelle moulue

¼ cuillère à café de gingembre moulu

2 pincées de muscade fraîchement râpée

pincée de sel

2 œufs bio

1 tasse de lait de coco

8-10 gouttes de stévia liquide

1 cuillère à café d'extrait de vanille bio

DES INSTRUCTIONS:

Préchauffez votre four à 350°F.

Mélanger la citrouille et les épices dans un grand bol à mélanger.

Dans un autre bol, battez les œufs soigneusement.

Mélanger les autres ingrédients jusqu'à ce qu'ils soient complètement combinés.

Ajouter le mélange d'œufs au mélange de citrouille et remuer jusqu'à ce qu'il soit bien mélangé.

Transférer le mélange dans 6 ramequins.

Ajouter suffisamment d'eau dans la casserole d'environ 2 pouces de haut autour des ramequins.

Cuire pendant au moins 1 heure.

96. Soufflé aux fraises

Portions : 6

INGRÉDIENTS:

18 onces de fraises fraîches, pelées

1/3 tasse de miel brut

5 blancs d'œufs bio

4 cuillères à café de jus de citron frais

DES INSTRUCTIONS:

Préchauffez votre four à 350°F.

Placer les fraises dans un mixeur et mixer jusqu'à obtenir une forme de purée.

Passer les graines au tamis.

Dans un bol, mélanger la purée de fraises, 3 cuillères à soupe de miel, 2 protéines et le jus de citron, et pulser jusqu'à consistance mousseuse et légère.

Dans un autre bol, ajouter les protéines restantes et battre jusqu'à consistance mousseuse.

En battant progressivement, ajouter le miel restant et battre jusqu'à la formation de pics fermes.

Incorporer délicatement les protéines dans le mélange de fraises.

Transférer le mélange uniformément dans 6 grands ramequins.

Disposer les moules sur une plaque à pâtisserie.

Cuire environ 10-12 minutes.

Enlever du four et servir immédiatement.

97. Tarte à la citrouille

Portions : 8

INGRÉDIENTS:

POUR LA PÂTE:

2½ tasses de noix

1 cuillère à café de levure chimique

Pincée de sel

2 cuillères à soupe d'huile de noix de coco, fondue

POUR REMPLISSAGE:

1 boîte (15 onces) de purée de citrouille non sucrée

1 cuillère à soupe de poudre d'arrow-root

½ cuillère à café de muscade moulue

½ cuillère à café de cannelle moulue

¼ cuillère à café de gingembre moulu

¼ cuillère à café de cardamome moulue

¼ cuillère à café de clous de girofle moulus

pincée de sel

1 tasse de lait de coco

3 oeufs, battus

3 cuillères à soupe de miel cru

DES INSTRUCTIONS:

Préchauffez votre four à 350°F.

Pour la croûte, dans un robot culinaire, ajouter les noix, le bicarbonate de soude et le sel et mélanger jusqu'à ce qu'ils soient finement moulus.

Ajouter l'huile de noix de coco et pulser jusqu'à ce que le tout soit bien mélangé. Placer le mélange de croûte dans un moule à gâteau de 9 pouces. Placer le moule à cake sur une plaque allant au four.

Cuire environ 15 minutes.

Pendant ce temps, mettre tous les ingrédients de la garniture dans un bol et bien mélanger.

Retirer la croûte du four. Verser le mélange dans la croûte.

Cuire environ 50 minutes. Retirer du four et laisser refroidir sur la grille environ 10 minutes.

Congeler environ 3-4 heures avant de servir.

98. Brownies épicés aux courgettes

Portions : 20

INGRÉDIENTS:

1½ tasse de courgettes, râpées

1 tasse de pépites de chocolat noir

1 oeuf

1 tasse de beurre d'amande

1/3 tasse de miel brut

1 cuillère à café de levure chimique

1 cuillère à café de cannelle moulue

½ cuillère à café de muscade moulue

1 cuillère à café d'extrait de vanille

DES INSTRUCTIONS:

Préchauffez votre four à 350°F.

Graisser un plat allant au four.

Mélanger tous les ingrédients dans un grand bol à mélanger et bien mélanger.

Verser uniformément le mélange dans le moule préparé.

Cuire environ 35-45 minutes.

Retirer du four et laisser refroidir complètement.

Couper en carrés désirés et servir.

LA NUTRITION: Calories : 56| Matières grasses : 2,3 g | Glucides : 9,3 g | Fibre : 0,3 g| Sucres : 8.1g | Protéine : 1 g

99. Gâteau dans une tasse

Portions : 1

INGRÉDIENTS:

3 cuillères à soupe de farine d'amande

1 banane, écrasée

½ cuillère à café de levure chimique

1 cuillère à soupe de sucre de fleur de coco

½ cuillère à café de cannelle moulue

Pincée de gingembre moulu

Pincée de sel

1 cuillère à soupe d'huile de noix de coco, ramollie

½ cuillère à café d'extrait de vanille bio

DES INSTRUCTIONS:

Dans un plat à gratin, combiner tous les ingrédients et bien mélanger. Transférer le mélange dans une tasse allant au micro-ondes.

Cuire au micro-ondes à puissance élevée pendant environ 2 minutes.

LA NUTRITION: Calories : 382| Graisse : 22,9 g | Glucides : 45,3 g | Fibre : 6g | Sucres : 27.5g | Protéines : 5,1 g

100. Gâteau renversé à l'ananas

Portions : 6

INGRÉDIENTS :

5 cuillères à soupe de miel cru

2 tranches d'ananas frais

15 cerises douces fraîches

1 tasse de farine d'amande

$\frac{1}{2}$ cuillère à café de levure chimique

2 œufs bio

3 cuillères à soupe d'huile de noix de coco, fondue

1 cuillère à café d'extrait de vanille bio

DES INSTRUCTIONS :

Préchauffez votre four à 350°F.

Dans un moule à gâteau rond de 8 pouces, étalez uniformément environ $1\frac{1}{2}$ cuillères à soupe de miel.

Disposer les tranches d'ananas et 15 cerises sur le miel.

Cuire environ 15 minutes.

Mélanger la farine d'amande et la levure chimique dans un bol.

Dans un autre bol, ajouter les œufs et le reste du miel et battre jusqu'à consistance crémeuse.

Ajouter l'huile de noix de coco et l'extrait de vanille et battre jusqu'à ce qu'ils soient bien mélangés.

Dans un grand bol à mélanger, mélanger la farine, la poudre à pâte et le sel.

Retirer le moule à cake du four.

Sur l'ananas et les cerises, répartir uniformément le mélange de farine.

Cuire au four pendant 35 minutes.

Retirer du four et laisser refroidir pendant 10 minutes.

Retourner délicatement le gâteau sur un plat de service.

CONCLUSION

Le régime Sirtuin, qui est venu au premier plan comme un régime qui a aidé Adele à perdre près de 100 livres, est basé uniquement sur l'activation de certains gènes causés par l'exercice et la faim.

Certains aliments, appelés activateurs de sirtuine, contiennent des composés polyphénoliques qui imitent à la fois la faim et les exercices qui exercent un léger stress sur nos cellules.

Ces composés déclenchent les voies du circuit qui affectent le métabolisme, le vieillissement et l'humeur. Ainsi, une perte de poids rapide est obtenue sans régime radical ni perte musculaire.

Une autre affirmation faite est que ce régime augmente votre énergie et améliore votre santé.

Il promet de renforcer le système immunitaire, de réduire l'inflammation, de retarder le vieillissement, de supprimer l'appétit et de provoquer une perte de poids permanente.

www.ingramcontent.com/pod-product-compliance
Lightning Source LLC
Chambersburg PA
CBHW070641120526
44590CB00013BA/812